日本の古代とは何か

最新研究でわかった奈良時代と平安時代の実像

有富純也 編　磐下徹　十川陽一
黒須友里江　手嶋大侑　小塩慶

光文社新書

はじめに――日本古代史研究への招待

有富純也

　この本を手に取っていただいた方の中で、大河ドラマを観たことがないという方が、もしかしたらいらっしゃるかもしれませんが、まったく知らないという方はいらっしゃらないと思います。大河ドラマは、ＮＨＫ総合の日曜日の夜に放送されるもので、ほとんどは歴史ドラマです。そこでは、ある人物の一生を描くことが大半で、その人物は、戦国時代あるいは幕末を生きた人物であることが多いようです。一般的にわれわれは、戦乱のある時代の人物の生き方、特に戦時中にどのような行動を取って成功を成し遂げたのかを知りたいのだと思います。

　ひるがえって、歴史分野の新書や選書について考えてみましょう。二〇世紀後半には、網《あみ》野善彦《のよしひこ》『日本中世の民衆像』（岩波新書）、黒田俊雄《くろだとしお》『寺社勢力』（岩波新書）などの重厚な新書が多かった印象がありますが、近年では、大河ドラマと同じように、主に戦乱や騒乱、著名な人物などをトピックとするものも多いように思います。

古代史でいえば、吉村武彦『蘇我氏の古代』（岩波新書）は、蘇我氏という悪名高い（？）人々をテーマにしていますし、倉本一宏『紫式部と藤原道長』（講談社現代新書）は、平安時代の有名人である二人をテーマにして執筆されています。

また、岩波新書の日本古代史シリーズや、シリーズではないようですが、中公新書も中国史の通史を古い時代から刊行しています（会田大輔《あいだだいすけ》『南北朝時代』など）。このように、ある時期からある時期までの、いわば通史を描き切るという新書も最近では増えてきました。

そのような中で、本書の姉妹編である『鎌倉幕府と室町幕府』（光文社新書）は、異色の新書といえるでしょう。一九八〇年代に生まれた若手中世史研究者四人が、幕府と公家寺社との関係、中央と地方の関係、それぞれの幕府の滅亡について書いたものです。私の知る限り、先に紹介したような近年の歴史系新書とは一線を画し、内容が高度に専門的であるにもかかわらず、非常に読みやすく分かりやすいものでした。本書は、その『鎌倉幕府と室町幕府』の後継書として企画立案されたものです。

＊　＊

さてここで、第一章からの導入という意味を込めて、簡単に日本古代史、古代史研究についておさらいをしておこうと思います。

日本古代史とは、**飛鳥時代**から**平安時代**を指すことが多く、いわゆる古代史研究者はこの時代の研究をしています。一般の方は、それ以前（たとえば卑弥呼《ひみこ》の時代など）も古代史に含まれるとお考えの人も多いと思いますが、基本的に古墳時代以前は、考古学者にお任せしています（もちろん例外もあります）。

ただ、飛鳥時代は文献史料が少なく、特に最近ではオリジナリティーのある研究をするのが難しいため、手を出しにくい時代となっています。つまり現在の古代史研究者の主戦場は、奈良時代と平安時代となります。

奈良時代に入る少し前、当時の**ヤマト政権**は、東アジア情勢の変化にともない、それまでとは異なる新しい国家支配体制を模索することとなります。一言でいえば、当時の中国の政治システムである**律令制**を参考にして、国家を形づくっていきます。具体的には、**天皇・太政官**を中心とした官僚制をつくり上げ、それまで口頭で済ませていた政治のあり方に、文書行政を取り入れ始めます。

それまでヤマト政権に参加していた豪族たちは、官僚として政治に参加し、天皇を中心とした秩序の中に組み込まれます。また地方では、民衆支配のため、六年ごとに戸籍を作成して、彼ら一人ひとりを把握した上で、田を班《わか》ち（**班田収授法**）、そして彼らから**租庸調**などの税金を収取すると規定します。このような民衆支配を潤滑《じゅんかつ》に行なうため、**国郡里制**といった、いわば縦割りの行政組織を形成します。

このような行政のあり方は、律令法で規定されていましたが、その律令法は中国のものを参照して立法されました。現在でも、**養老律令**の内容の大半を把握することができます。日本古代史研究者は、その注釈書である『**令義解**《りょうのぎげ》』や『**令集解**《りょうのしゅうげ》』を詳細に解読し、あるいは母法である中国律令と比較することで、法解釈を行ない、さらには当時の国家・社会がどのようなものであったか、研究しています。このような律令法をもとに運営された国家のことを「**律令国家**」と呼ぶ研究者が大半です。

法はあくまでも制度を規定しているものであり、実際と乖離《かいり》していることもあります。そのために、主に奈良時代の正史である『**続日本紀**《しょくにほんぎ》』の検討は欠かせませんし、最近では出土文字資料、特に**木簡**を利用して貴族のくらしや地方社会のあり方も解明されています。

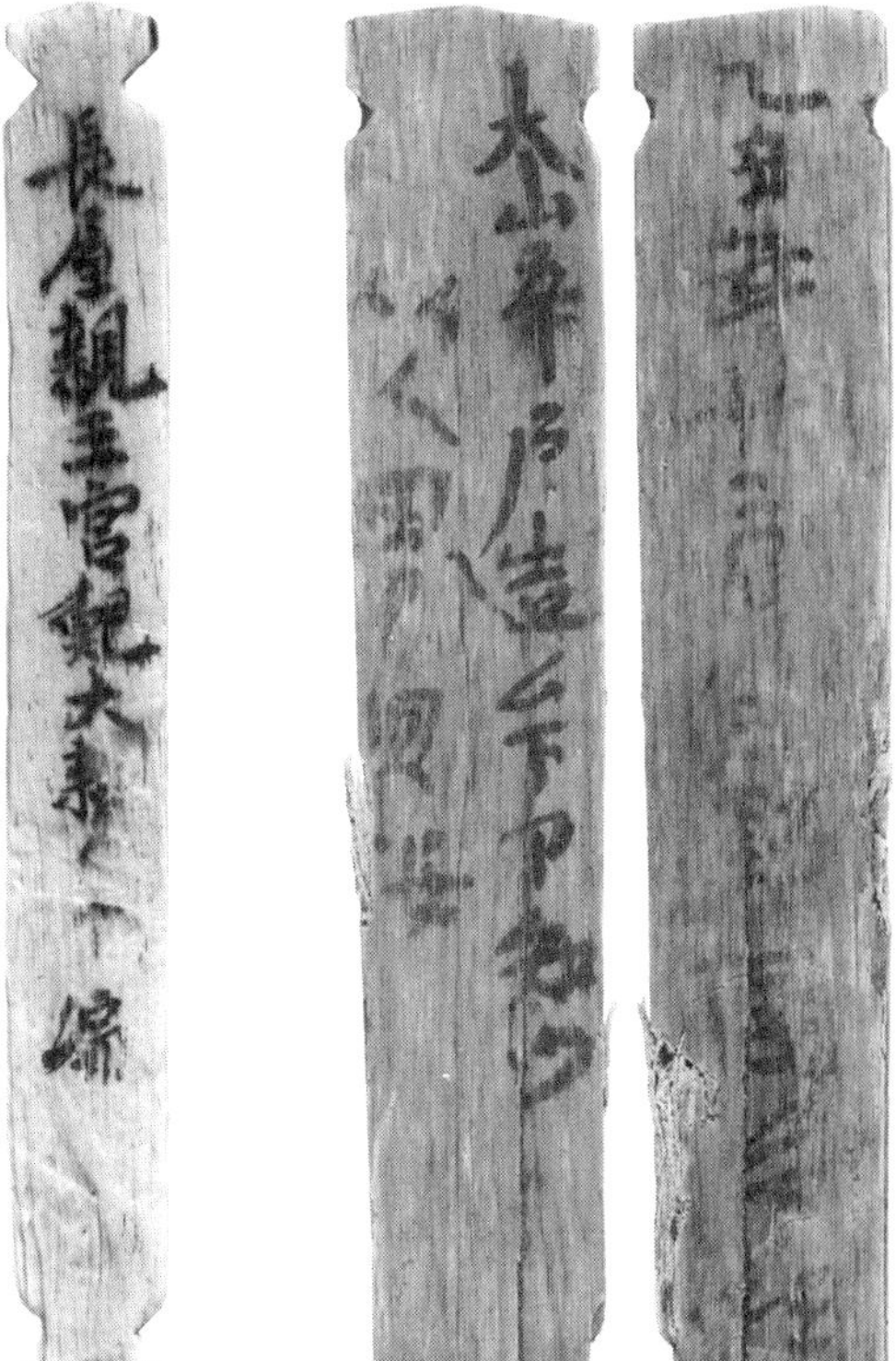

左：「長屋親王」の文字が入っている木簡で、邸宅に鮑がもたらされたことが分かる。この木簡により、出土地点が長屋王の邸宅跡（平城京左京三条二坊一・二・七・八坪）であることが確定した。長さ214mm、幅26mm、厚さ4mm。
右：665年に「三野国」（岐阜県）から飛鳥にもたらされた木簡で、石神遺跡（奈良県明日香村）出土。律令制に先立ち、「国―評―五十戸」という地方行政区分が記されている最も早い木簡。長さ152mm、幅29mm、厚さ4mm。

出典：木簡庫（https://colbase.nich.go.jp/）

八世紀後半から九世紀になると、「律令国家」が時代の流れにそって変化していきます。太政官のもとに設置された官僚制度の中でも、無駄な組織などが統合・廃止される一方で、**蔵人所**《くろうどどころ》や**検非違使**《けびいし》といった律令に規定のない官司（**令外官**《りょうげのかん》）が設置されるなどの変化を遂げます。天皇の外戚である**藤原氏**が**摂政・関白**に就任し始めるのも九世紀半ばです。

地方では、**院宮王臣家**《いんぐうおうしんけ》や**富豪層**といった、それまでの政治や経済を動かしてきた人々ではない勢力が活動を本格化させます（**第三章**を参照）。また、少なくとも九世紀にも班田や戸籍作成が行なわれていたものの、六年に一回行なうという律令法の規定が完全に遵守《じゅんしゅ》されていたわけではないようです。このような変化が、律令国家の衰退なのか発展なのかは非常に難しい問題なのですが、少しずつ、かつ、着実に変化していったのは確かです。

九世紀末から一〇世紀初頭にかけて、中国の**唐**帝国の衰退・滅亡を目の当たりにした日本の朝廷は、社会の変化にも対峙《たいじ》しながら、大きな改革を行ないました（**寛平**《かんぴょう》**の改革・延喜**《えんぎ》**の改革**）。九世紀も建前の上では律令法にのっとり人間一人ひとりに税金をかけていたのですが、この時期になると土地に税金をかけるようになります。そのため、戸籍作成や班田も必要がなくなり、行なわなくなりました。それまで存在していた集落も、消滅ないし極端に縮小していきます［有富二〇二三］。**国司**や**郡司**が共同で地方を支配していたものの、**受領**《ずりょう》と呼ばれる国司長官のもとに責任が集中するようになったとされます。

中央の官僚制も一応は維持されますが、天皇の側近ともいえる**殿上人**《てんじょうびと》が現れるようになり（**第二章**参照）、それまでの官僚の秩序から外れた人たちが政治に参加するようになります。摂政・関白も基本的には常置されるようになります。

また、この頃はすでに律令法はあまり参考にされなくなっているため、この時期以降を「**王朝国家**」と呼ぶ研究者もいましたが［坂本一九七二］、最近ではこの言葉に違和感を覚える研究者も少なくありません。とはいえ、この時期の政治体制をどのように呼び表してよいのかは、定見がない状況です（**第二章**参照）。

このようなあり方は、いわゆる**院政期**になるとまた新たな社会に変貌します。それまでにも**荘園**はたしかに存在しましたが、設置することもなかなか難しく、簡単に停廃《ていはい》されてしまうものでした。しかし一一〇〇年代になると、大規模荘園が立荘されるようになり［川端二〇〇〇］、天皇を退位した上皇も積極的に荘園を集積していきます。もちろん、受領が管理する土地（**公領**）もかなり残存しているのですが、いわば荘園領有がなし崩し的に認められるようになります。荘園は中世社会に栄えるものですから、この段階にいたり、日本の古代は終わったと一応考えてよいでしょう。

以上、奈良時代と平安時代を教科書的に概観《がいかん》してみました。しかし、古代史学界では、以上の見解の中でも、細かな点で見解が分かれていたり、異論が唱えられていたりする場合があります。本書は、そのような最新の「学説」について、日本古代史学界の中堅・若手研究者が、詳細に論じるものです。

＊　＊

第一章の**十川陽一**《そがわよういち》**「奈良時代の国家権力は誰の手にあったのか――天皇・皇族・貴族」**は、奈良時代の中央政権で、本当の権力者は誰だったのかについて論じます。一般的には、天皇が政治的権力を保持していたと考えられがちでしょうが、じつは古くからの「畿内《きない》豪族」の力も強く、彼らが太政官の中枢部に存在し、天皇権力を掣肘《せいちゅう》していたという伝統的な学説もあります。この点について解説するとともに、十川氏独自の見解も分かりやすく解説します。

第二章の**黒須友里江**《くろすゆりえ》**「藤原氏は権力者だったのか？」**は、一〇世紀以降の権力者について論じます。高校の教科書では、藤原氏が他氏族を排斥して摂関の地位に上り詰め、天皇に代わって藤原道長のような摂関家が権力者・支配者として君臨して、いわば私的な「政所《まんどころ》政治」を行なっていた、と記されていることが多かったと思います。しかし黒須氏は、戦後すぐから天皇の地位はさほど低下していないとされていたことを述べ、また最近の政治史研究も踏まえて、天皇および天皇と摂関との関係性や、母后《ぼこう》・女院《にょいん》の存在の重要性なども論じています。

第三章の**磐下徹《いわしたとおる》「地方支配と郡司——なぜ郡司は重要なのか？」**は、奈良時代の地方支配についての学説を丁寧に論じます。律令国家成立の時期には、実質的な地方支配者は国司ではなく、伝統的豪族が就任した郡司の方が強かったとされています。これは「在地首長制」と呼ばれ、石母田正《いしもだしょう》が一九七一年に提唱した学説なのですが、一般的には知られていないものです。この在地首長制を中心として、郡司制度や社会の実態を論じるとともに、この時期およびそれ以降の地方支配のあり方を紹介します。

第四章の**手嶋大侑《てしまだいすけ》「変貌する国司——受領は悪吏だったのか？」**は、一〇世紀以降の平安時代の地方社会について、主に国司に着目して論じます。先述のように、一般的には地方支配は受領に権力が集中すると考えられていました。しかし近年では、丁寧に史料を分析すると、受領以外の国司（任用国司）も活動していることが明らかにされています。その点について詳細に述べつつ、地方社会の様相について概観していきます。

ここまで中央・地方の支配者や支配のあり方に注目してきましたが、ごく近年の古代史学界で大きな学説の対立や論争が巻き起こったのは、文化です。特に一〇世紀の国風文化については、かな文学である『源氏物語』や『枕草子』に代表されるように、中国文化とは切り離された、日本風の文化と考えられてきましたが、近年では紫式部も漢文学から多大な影響を受けており、一概に国風とはいえない、という議論もあります。当該期の外交を含めて、非常にホットに議論が沸き起こっている分野なのですが、その点を含めて**第五章**の**小塩慶**《おしおけい》**「〝「唐風文化」から「国風文化」へ〟は成り立つのか」**は、古代日本における中国文化と土着文化とのせめぎ合いについて、丁寧に解説しています。

第一章から第五章まで独立しているものですから、最初から読み始めるのももちろんよいですが、読者それぞれの興味ある分野や地域から読み進めていただいても、まったく構いません。

以上を踏まえて、私も司会として参加して討論を行ないました。本論では、律令国家の成立過程や九世紀に関しては詳述している箇所がないので、その点について、それぞれに論じてもらったり、国家と文化の関係について議論してもらったりしています。さらに私は、第五章まで読み通した読者に代わり、疑問に思うであろうことを著者五人にぶつけています。最後に、**「日本の古代とは何か」**という難題について、みんなで模索しました。

このように本書は、既存の新書の体裁とは少し異なっているため、「院宮王臣家」「畿内政権論」「政所政治否定論」「初期権門《けんもん》体制論」などといった、専門家しか知らないような学術用語が飛び交います。違和感を持たれる読者も少なからずいらっしゃると思いますが、できるだけ分かりやすく説明しているつもりですので、お付き合いくだされば幸いです。

＊　＊

本書は、『鎌倉幕府と室町幕府』のような新書を、日本古代史で企画したいと考えた編集者の田頭晃さんが私にメールをお送りくださったことから始まりました。先述したように、『鎌倉幕府と室町幕府』は、学界では注目されていたものの、一般的には知られていない若手研究者が執筆したところに特徴がありました。そこで本書も、私のような五十歳のおじさんはまとめ役としてあまり出しゃばらないこととしました。

まずは磐下徹さんにご協力を仰ぎ、主に二人で人選をしたのち、オンラインでの三回にわたる準備会を経て、最後に対面で座談会を行ないました。五人の方々は若手研究者としておそらくさまざまな依頼を受けており、とてもお忙しい中、ほぼスケジュール通り原稿を出していただきました。また、田頭さんの退職にともない編集を引き継いだ草薙麻友子さんから、読者目線でさまざまなアドバイスを頂戴し、座談会の原稿圧縮にご尽力いただきました。記して感謝の意を表したいと思います。

本書は、老若男女問わず、さまざまな人たちに読んでほしいのですが、日本古代史に関心があるけれど、どんな本を読んでいいか分からないという高校生や大学生に、特に手に取ってほしいと思っています。そして彼ら／彼女らが、何十年後かに、私たちが本書で述べた「学説」を打ち倒すような、立派な日本古代史研究者になることを夢想しながら、本書を世に送り出したいと思います。

参考文献

有富純也「古代の集落は消滅したのか」（『摂関・院政期研究を読みなおす』思文閣出版、二〇二三）
川端新『荘園制成立史の研究』（思文閣出版、二〇〇〇）
坂本賞三『日本王朝国家体制論』（東京大学出版会、一九七二）

日本の古代とは何か

目次

はじめに――日本古代史研究への招待　有富純也　3

第一章
【奈良時代の権力論】
奈良時代の国家権力は誰の手にあったのか――天皇・皇族・貴族　十川陽一……21
一　古代史の中の奈良時代　22
二　律令国家の構造をめぐる議論　24
三　律令制下における為政者と政治構造　38
四　多極的な権力構造と権力獲得の道　47
五　奈良時代を理解するために　57

第二章
【平安時代の権力論】
藤原氏は権力者だったのか？　黒須友里江……65

一　摂関政治像の転換　66
二　天皇を中心とした政治の再編　69
三　天皇を補佐するのは誰か――摂関政治の前段階　77
四　摂政・関白とは　86
五　母后と天皇　96
六　平安時代の権力論　100
七　摂関政治とは何だったのか　103

第三章

地方支配と郡司【奈良時代の地方支配論】

――なぜ郡司は重要なのか？　磐下徹……117

一　古代国家の地方支配を考える　118
二　郡司の重要性　123
三　在地首長制論を乗り越えて　130

四　郡司層に迫る　135
五　平安時代にむけて　147

第四章

【平安時代の地方支配論】

変貌する国司

——受領は悪吏だったのか？　手嶋大侑……161
一　受領国司の登場　162
二　受領は強欲な地方官だったのか　164
三　受領と任用国司　172
四　任用国司への再注目　176
五　地方における対立と協調　185
六　平安時代の地方支配——受領を支えた人たち　192

第五章
【奈良・平安時代の文化論】
〝「唐風文化」から「国風文化」へ〟は成り立つのか　小塩慶……199
一　教科書の文化史区分　200
二　「唐風化」の諸段階　202
三　「国風化」の諸段階　218
四　国風文化をめぐる誤解　227
五　〝「唐風文化」から「国風文化」へ〟は成り立つのか　232

座談会
「日本の古代とは何か？」……249
司会・有富純也
磐下徹、十川陽一、黒須友里江、手嶋大侑、小塩慶

本文図版作成・キンダイ
目次、章扉デザイン・熊谷智子

凡例

・参考文献は、本文中では［十川二〇一〇］と著者名と発表年で示し、各章末に書誌事項を載せた。
・参考文献の副題は基本的に省略した。
・時系列を見るために必要な部分については、収録書籍ではなく初出論文の方を優先している。

第一章

【奈良時代の権力論】

奈良時代の国家権力は誰の手にあったのか

——天皇・皇族・貴族

十川陽一

一　古代史の中の奈良時代

日本古代史において、奈良時代は定点観測地点ともいわれる時代である。

七世紀以前の歴史については、基本となる史料の大部分が『日本書紀』であるが、その記載内容にどこまで信憑性《しんぴょう》があるのか、一つ一つの記事内容を丁寧に吟味《ぎんみ》する必要がある。

一方、奈良時代の正史である『続日本紀《しょくにほんぎ》』は、記載された内容の大部分は信用することができ、当時の出来事の大筋を知ることができる。また基本法典である律令のうち、行政法規にあたる令《りょう》は、内容の大半が『令義解《りょうのぎげ》』『令集解《りょうのしゅうげ》』として現在に伝わっており、国家の制度についても体系的に知ることが可能である。

これらに加え、東大寺の正倉院に残る古文書群である正倉院文書や、平城宮跡などから出土する木簡といった生の史料（一次史料）から、正史には記載されないような古代の人々の実態をうかがうこともできる。このように史料的にも恵まれた奈良時代は、古代史を理解するための一つの拠点なのである。
それでは、奈良時代の国家像が厳密に把握されているのかというと、必ずしもそうではない。

筆者の手元にある高校の日本史教科書を見ると、二〇二二年の『詳説日本史B改訂版』（山川出版社）では、律令国家成立の大きな画期《かっき》（時代の区切り）である天武朝について「強大な権力を手にした天武天皇を中心に中央集権的国家体制の形成が進んだ」と記されている。ここからもイメージされるように、一般的に律令国家は、天皇を君主とする中央集権国家と説明される。古代の法解釈上、律令に規定のない判断が許されるのは天皇のみ（『名例律疏議《みょうれいりつそぎ》』）とされるなど、こうした理解は建前としては正しい。

しかし現実の国政において、果たして天皇が絶対的な権限を握っていたのか否かという点については、これまでも多くの議論が積み重ねられてきていながら、現在まで明確な結論は出ていない。要するに、奈良時代の実質的な最高権力が誰の手にあったのか、判然としないのである。

この章ではそうした奈良時代の権力の所在について、これまでの研究の積み重ねを振り返りながら、考えてみたい。

なお、以下、必要に応じて七世紀以前についても触れる。天皇号の成立時期については、推古朝説・天武朝説があるが、本章では煩雑《はんざつ》となるため、これら以前も含めて便宜的にすべて天皇と表記する。また、先行研究を紹介する中で、表現や論旨をかみ砕いた部分もある点をあらかじめお断りしておく。

二　律令国家の構造をめぐる議論

畿内政権（貴族制）か専制君主か

律令国家の行政機構は、太政官《だじょうかん》を頂点とし、その下に神祇《じんぎ》祭祀を掌《つかさど》る神祇官と、国政の実務を掌る中務《なかつかさ》・式部《しきぶ》・治部《じぶ》・民部《みんぶ》・兵部《ひょうぶ》・刑部《ぎょうぶ》・大蔵《おおくら》・宮内《くない》の八省を置く、いわゆる二官八省を中心とする。官僚機構の中枢となる太政官は、大臣・大納言・中納言・参議によって構成される議政官《ぎせいかん》に、事務部門である弁官局《べんかんきょく》・少納言局《しょうなごんきょく》が付属したかたちをとっている。このうち特に議政官と、天皇との関係をどのようにみるのかという点が、戦後歴史学に

図１－１　律令国家の行政機関（中央）

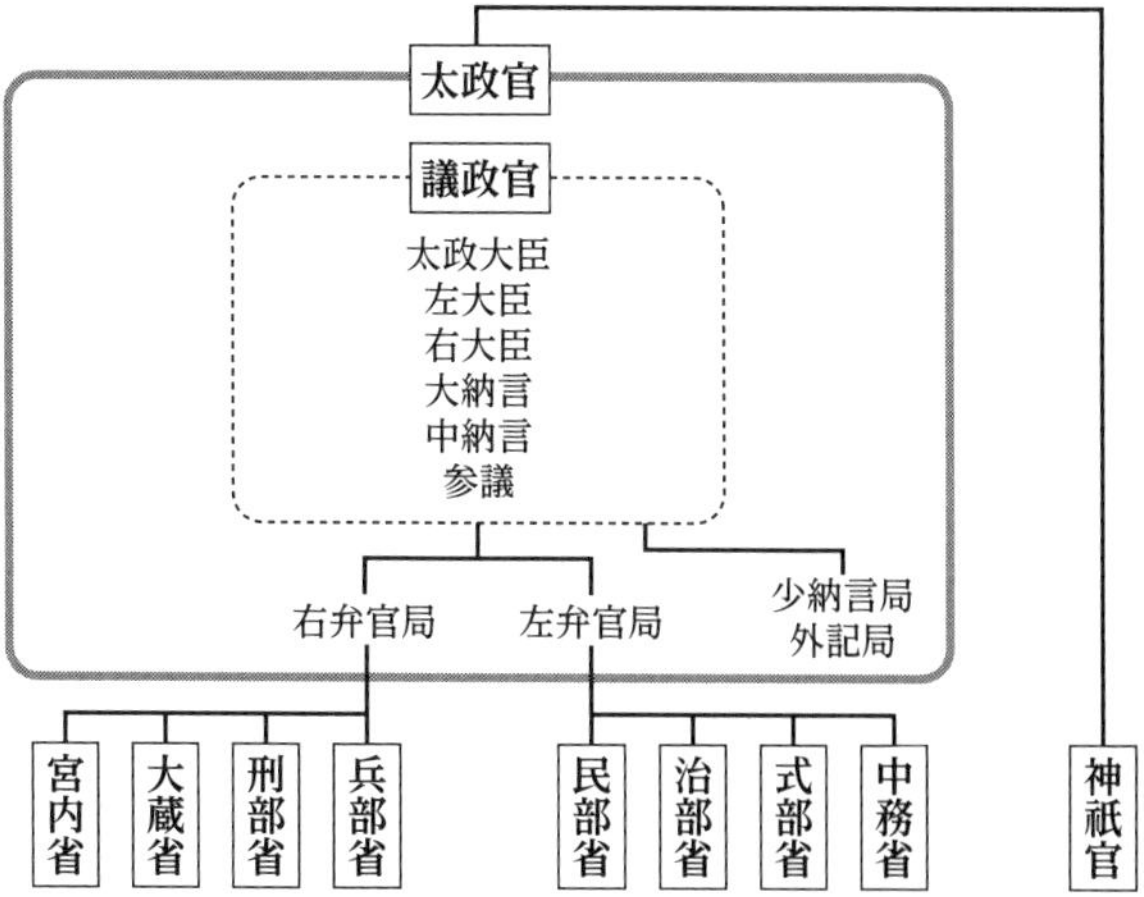

おける焦点の一つとして、長く議論されてきた。

戦前の皇国史観のもとでは、必然的に天皇は絶対的な権力を持つ存在との評価が主流であった。終戦によってこうした価値観が否定された後も、社会では象徴天皇制が求められたが、研究者の中では異なるかたちで天皇が大きな力を持つという認識が継続した。きわめて大づかみにいえば、マルクス主義歴史学の影響下で、古代アジア的な中央集権的専制君主制、つまりは社会の中で神格化された、中国の皇帝のような君主と理解されるようになったのである。戦前戦後における価値観の転換の中で、戦前においては尊崇すべき絶対的な対象として、戦後においては打破すべき専制君主として認識されながら、国家権力の頂点にある天皇、というイメージは保たれ続けたといえる。

価値観は変わったとはいえ、戦後においても天皇が絶対的な権限を握っているとの考え方が継続していることは、潜在的に戦前の歴史観を継承することにもなる。こうした状況へのアンチテーゼとして提示されたのが、関晃《せきあきら》による畿内政権論である［関一九五二］。大まかにいえば、畿内を拠点とする豪族が貴族層として結集し、天皇を中心とした政権を構成することによって畿外を支配したという学説である。天皇のみを支配の頂点とするのではなく、畿内貴族も全国の支配権を握っていたとみる点に特徴があるといえる。

また関は、大化改新や天武・持統朝における皇親政治のように、天皇という存在は常に専制君主化を志向するが、そうした動きを貴族層が阻《はば》もうとするような対抗関係が、常に律令国家の内部に存在すると評価した。

この畿内政権論に端を発する議論が、その後の古代史研究の中心となってゆき、多くの研究成果が蓄積されることとなった。本章ではこれらのうち、限られた範囲しか紹介できないが、近年でも、［仁藤二〇〇二］［伊藤二〇〇八］［大隅二〇一四・二〇一八］［北二〇一七］［佐藤二〇二二］など、たびたび研究史整理がなされているので、適宜参照されたい。

さて、関によって政治勢力の本拠と位置づけられた「畿内」という地域は、『日本書紀』大化二年（六四六）正月甲子朔条、いわゆる大化改新詔《たいかかいしんしょう》に初めて具体的な範囲をともなって登場する。その範囲とは、名墾《なばり》の横河・赤石《あかし》の櫛淵《くしぶち》・紀伊の兄山《せのやま》・近江《おうみ》の合坂山《おうさかやま》を東西南北の境とするとある。その後、奈良時代には大和・摂津・河内・山背の四畿内、そして河内から分立した和泉を加えた五か国による五畿内が確立する。律令制下では、貴族が許可なく畿外に出ることが禁じられていることや、税制上も畿内には庸が課せられず、調も布のみかつ他地域の半額とされるなど、行政上の特例が存在しており、まさに政治勢力の本拠地・直轄地とも理解されうるような特殊性を見いだしやすい地域である。

このような特徴を分かりやすく政治構造に落とし込んだのが畿内政権論であり、広く受け入れられた一方で、そのまま通説化したわけでもない。

たとえば石母田正《いしもだしょう》は、国政の重要事項が太政官の論奏《ろんそう》（後述）によることから、太政官が君主権を制約している面があると述べており、畿内政権的な理解は部分的に取り入れている。しかし、律令の規定に基づいて天皇大権（官制の制定、官人の任命、軍事、刑罰、外交、王位継承など）の存在を想定するなど、律令国家とは天皇が超越的な権力を持った専制国家であると評価しているように、マルクス主義的な理解も色濃い［石母田一九七一］。

図1－2　改新詔の畿内と令制の畿内

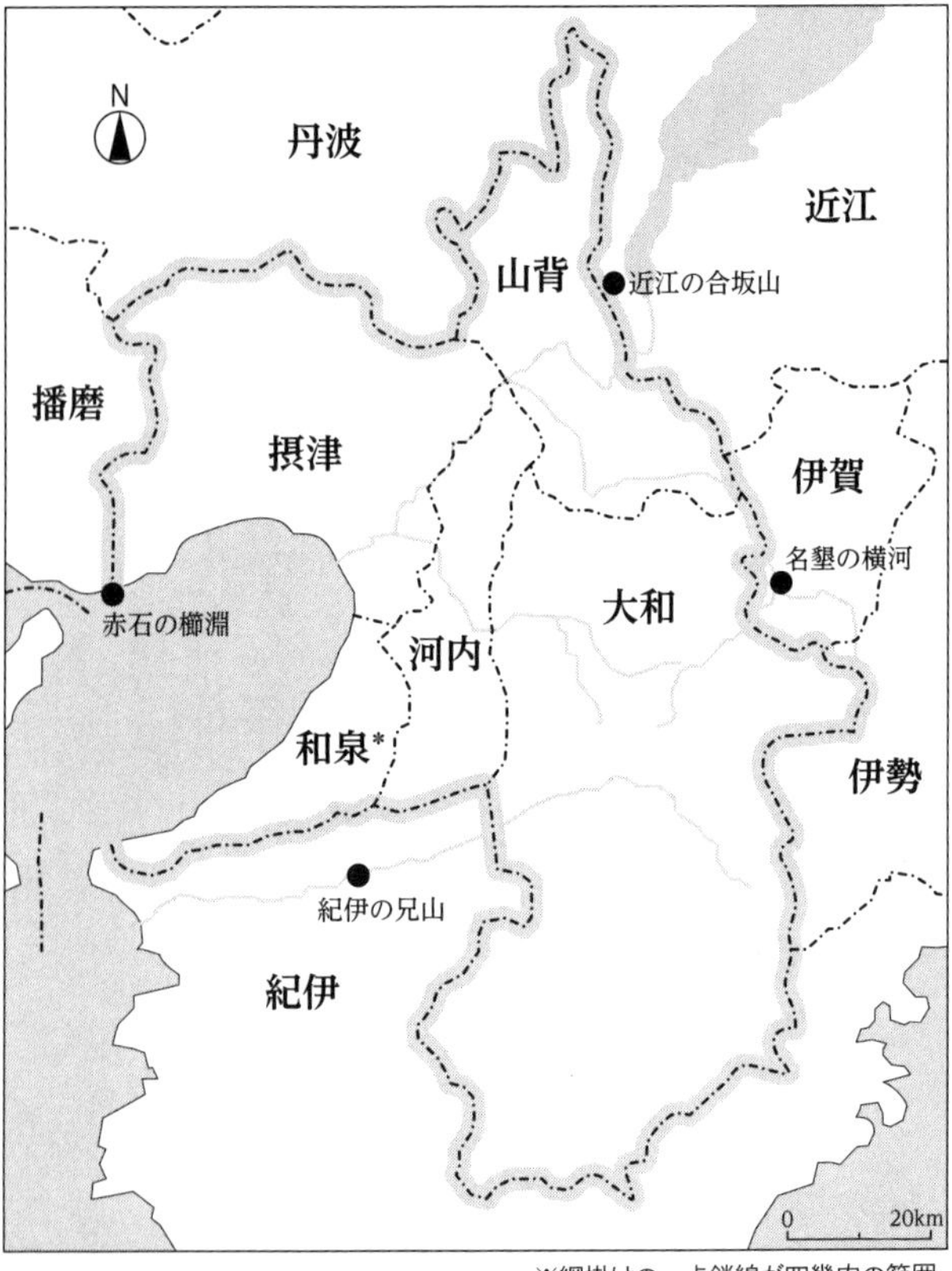

※網掛けの一点鎖線が四畿内の範囲。

＊天平宝字元年（757）、河内国より分立。

原図：［門井2012］

また吉田《よしだ》孝《たかし》は、天皇は畿内豪族政権の中で特定の役割を果たすために共立された首長であり、畿内豪族と並立するものではないと論じており［吉田一九八三b］、ここでも畿内政権論の枠組みは認められつつも、天皇は一段上の存在と理解されている。

このように畿内政権論は多様な受け止められ方をしており、単純に専制君主論との二項対立として議論されてきたわけではない。権力構造は、単純な図式では表現しきれない部分も多い。

権力構造をめぐる視点と議論

石母田正の理解の中では、律令国家における支配者の結合原理として、機構や制度を媒介とする官僚制的な原理と、天皇との人格的、身分的従属関係（個別の人間関係に基づいた主従関係）を媒介とする原理の、二つが存在したとされている［石母田一九七三］。また井上光貞《いのうえみつさだ》もほぼ同時期に、日本における国家形成プロセスを明らかにしようとする中、固有法と継受法という視点に着目し、中国から継受した新しい要素である律令制と、古くから日本列島に存在した秩序である氏族制による二重構造論（二元論）［井上一九七二］を提示している。

こうした、律令制という外皮と、古来の要素という内面のような、複数の結合・結集原理が存在することに注目し、それらの関係性や残存の背景をどう理解するのかが、律令国家の評価を左右する視点として定着してゆく。

たとえば、律令制を継受して律令国家が成立した後も、依然として残る律令制以前の要素が色濃く、なおかつそれが天皇を中心とするような側面が強いと評価された場合、律令国家についてもおのずと天皇の存在が固有かつ重大なものと評価されることになる。

こうして畿内政権論以降、律令国家の構造的理解が深化されてゆくことになる。

律令国家の政治構造と貴族層

畿内政権論は、貴族制的な政治構造を想定するのが一つのポイントでもある。貴族制とは、特権的な身分・血統などを持つ少数の集団が貴族層を形成し、政治権力を握る政体である。

ここで、律令制以前と律令制下の政治構造の関係性について、貴族層の存在を中心に見ておきたい。大化前代には、国家的な重要事項を審議する際には、朝廷を構成する群臣たちが招集されることもあった。一例を挙げれば、六世紀末に仏教を受容するか否かが問題となったが、その際に欽明天皇は、百済《くだら》から贈られてきた仏像の扱いについて群臣たちに諮問《しもん》した。このときの参加者の具体名としては蘇我稲目《そがのいなめ》・物部尾輿《もののべのおこし》・中臣鎌子《なかとみのかまこ》らの名が挙げられてい

る（『日本書紀』欽明一三年〔五五二〕一〇月条）。

このような、有力氏族が代表者を送り出して構成される群臣会議（大夫《たいふ》合議とも。大夫とは、天皇の御前に仕える〝マヘツキミ〟を指す）の例は七世紀以前に数多く見いだされる。この群臣会議のあり方が、律令制下の議政官に継承されているとの理解が古くからなされてきた。大宝律令が制定される大宝元年（七〇一）の議政官の構成が、翌大宝二年に新たに任命された参議を含めても一氏一人であり、奈良時代初期にはおおよそこうした一氏族から一人ずつ議政官を輩出するかたちになっている。こうしたことから、律令制における太政官は、大化前代の群臣会議を継承したものとする理解がなされてきた〔竹内一九五七〕〔阿部一九五四〕。この点を重視すれば、貴族制的な政体という理解はイメージしやすいものだろう。

しかし、単に貴族たちが集まっているだけで、その政体が貴族制かどうかまでは判断できない。長山泰孝は、議政官は大夫合議を継承する部分はあるが、議政官の地位はあくまでも王権による再編成を経たものであるとし、貴族制とは評価できないと指摘する〔長山一九八五〕。律令制下において、官人たちには正一位《しょういちい》～少初位下《しょうそいげ》までの三〇階を中心とした位階を与えられ、序列化される。このうち貴族といわれるのは五位以上の位を持つ限られたメンバーであるが、彼らの位階は勅授《ちょくじゅ》、官職は勅任《ちょくにん》といって、天皇の名のもとに、天皇との関

表１－１　位階表

		（内位）	（外位）
貴族	貴《き》	正一位	
		従一位	
		正二位	
		従二位	
		正三位	
		従三位	
	通貴《つうき》	正四位上	
		正四位下	
		従四位上	
		従四位下	
		正五位上	外正五位上
		正五位下	外正五位下
		従五位上	外従五位上
		従五位下	外従五位下
		正六位上	外正六位上
		正六位下	外正六位下
		従六位上	外従六位上
		従六位下	外従六位下
		正七位上	外正七位上
		正七位下	外正七位下
		従七位上	外従七位上
		従七位下	外従七位下
		正八位上	外正八位上
		正八位下	外正八位下
		従八位上	外従八位上
		従八位下	外従八位下
		大初位上	外大初位上
		大初位下	外大初位下
		少初位上	外少初位上
		少初位下	外少初位下

係に基づいて叙任されるものである。このように貴族層とはいえ、天皇による承認を経て貴族としての身分を得て、議政官としての地位に就くことができる、という点には注意が必要だろう。

さらに長山の論では、国家が専制的に人民を支配することと、天皇が専制君主であるかは別問題であって、専制君主か貴族制か、という問題の立て方が適切ではないとも指摘している。この点でも、二項対立的な問題意識も含めた議論の単純化が難しいことが分かる。

畿内という地域性

畿内の性格については、大津《おおつ》透《とおる》が、律令負担体系の面における畿内と畿外との差異を具体的に明らかにしている。

律令制の下では、人々は戸籍によって居住地と連動して把握され、徴税の台帳として作成される計帳《けいちょう》に基づいて税や力役《りきえき》を徴収されるシステムになっていたが、奈良時代から浮浪・逃亡などが頻発した。税を逃れるために戸籍に登載された土地から逃亡する行為である。律令国家はこれらへの対応を迫られるが、特に天皇の膝下である畿内については、強固な浮浪人対策を講じて人々の定着を徹底させ、国家が都造りなど大規模事業を実施する際にはすぐに人々を動員することができる体制を維持しようとしていた。また調や庸といった税は畿内では減免されているが、その本質は、これらの税目が、律令制成立以前に畿外の地方豪族が朝廷に服属したことを示すミツキ（貢）やニヘ（贄）を貢納していたことに淵源《えんげん》するためと理解される［大津一九八五］。

こうした、天皇の本拠地としての畿内の性格を重視する論に対しては、畿内の概念は中国から継受されて、大化の時点で新しく設定されたものであるとの批判や［西本一九八四・二〇一八］、畿内だけではなくその近国も含めた地域的枠組みを想定した方がより実態に近いとの指摘もある［吉川二〇一八］。畿内にせよ議政官の構造にせよ、律令制以前の姿が具体的にどのように律令制下に継承されたのか、その過程も含めて今後明らかにされてゆく必要があるといえる。

合議制のすがた

朝廷の意思決定について、律令制以前の群臣会議については先に触れた。律令制下になると、議政官による合議を経て天皇に意見を奏上する「論奏《ろんそう》」というシステムがあり、また平安時代になると天皇の諮問を受けて議政官が合議を行なう「陣定《じんのさだめ》」という議定が成立する。

律令国家の権力構造論において、こうした奈良・平安時代の合議制と、大化前代の合議制との関係を具体的にどう評価するかが、一つの論点として深化されていった。

畿内政権論を肯定的に受け止め、継承したのが、古代官僚制研究に先駆的な業績を残した早川庄八《はやかわしょうはち》である。早川は、一九七〇年代に執筆された諸論文で、朝廷における意思決定の制度について具体的に考察を加えた結果、天皇の意思が政治に限定なく反映されることはほとんどなく、天皇の意思を掣肘《せいちゅう》する貴族合議制が存在したと評価した［早川一九八六書第一部所収］。早川は、国家的祭祀のあり方なども含めて総合的に検討しながら、日本の律令国家は中国から継受した専制国家でありつつも、その実相は貴族制的要素が強く、天皇は貴族に共立された存在であると結論づけていった。

早川の理解に対しては早くから、論奏の理解に誤りがあるといった批判がなされていたが、特に全面的な早川説批判を展開したのが吉川真司《よしかわしんじ》である。吉川は、合議制の存在は専制君主を否定することにはならず、貴族制的な痕跡も見いだせないとして、早川説を批判した。さらに吉川は、律令制下に見える論奏は、大化前代の合議制を唐の宰相《さいしょう》合議制によって整備したものであること、などを指摘している［吉川一九八八］。

その後、川尻秋生が、宰相合議制の継受という点も含め、理解を深化させている［川尻二〇〇二〕。川尻は、大化前代の大夫合議制は意見を一本化しない、律令制下での論奏は意見を一本化する（「臣等《しんら》商量《しょうりょう》……」、すなわち議政官の総意として奏上される）、摂関期の陣定は意見を一本化しないといった特徴がそれぞれあることを指摘した。そしてこの、結論を一本化するか否かという点において、令制下における論奏のあり方は、大化前代の大夫合議制とは直結せず、唐の宰相合議制の影響で新たに成立したものと論じた。こうしたことから太政官による合議制は、天皇権力を補完するための非人格的な官僚機構であり、天皇権力に対置されるような畿内政権・貴族制ではないと評価している。

　さらに川尻は、大夫合議は天武朝に一度解体、持統朝にメンバーを議政官に限定して再編され、以後は皇嗣《こうし》問題・対外戦争などの国家の存立基盤に関わる重大事件に際して用いられるようになるが、こうした解体・再編は、律令国家が専制君主国家であったことを前提として初めて理解されると述べる。

　このほか近年では、古瀬奈津子の、北宋天聖令《ほくそうてんせいれい》も用いた日・唐・宋の令文における行政手続きの比較に基づいた分析がある。結論のみ示せば、中国では唐代までは貴族勢力が勢力を有していたが、唐代後半期から宋代にかけて皇帝の独裁制が構築されてゆく。一方、日本では唐に近いあり方で、大和王権以来の豪族が、律令制以後も太政官を基盤として勢力を有しているとされ、日本でも唐でも律令制の根幹は貴族制にあったとした［古瀬二〇一八］。

律令制以前の豪族層の多くが温存された日本や、その手本となった唐の律令制において、貴族制的色彩が強いことはうなずける。しかしそもそも律令国家の基本法典である律令は、天皇の手足たる官僚が遵守すべきマニュアルであり、本来的に天皇を規制する法典ではない。天皇を規制する規定が生まれるのは、貞観《じょうがん》一一年（八六九）に施行された貞観格《じょうがんきゃく》にいたってのことと考えられる［川尻一九九四］。

また、律令制下における豪族の地位は、個々人に授けられた位階に基づいており、その位階に応じた官職に就く官位相当制《かんいそうとうせい》が原則である。この点において貴族たちの地位は、国家の官僚機構に参加するための資格といえる。その上で、五位以上の貴族たちの地位は特に天皇によって授けられるという点を評価すれば、制度的に貴族たちの地位は天皇によって保証されるものであって、天皇の存在なくしては貴族たちも存在しえないことになる。

これらからすれば、行政の諸手続きから貴族制かどうかを論じるよりも、むしろ天皇にとって貴族がどのような存在であったか、あるいは逆に貴族にとって天皇がどのような存在であったか、という点が問われてゆくべきと考える。

三　律令制下における為政者と政治構造

律令官人制

律令官人たちのうち、五位以上の位を持つ人々が貴族であることは、先に触れた通りである。この節では、貴族を含めた官人層をどのように理解するか、考えてみたい。

律令官人制についてもう少し具体的に見てみると、じつに多様な人々が含まれている。たとえば勤務地域や形態による区分として、内長上《ないちょうじょう》（中央諸官司および大宰《だざい》・諸国司の四等官《しとうかん》・品官《ほんかん》など。長上はフルタイムで勤務する者）、内分番《ぶんばん》（一般舎人《とねり》、史生《ししょう》、兵衛《ひょうえ》、伴部《ともべ》、使部《つかいべ》など。分番はパートタイムで勤務する者）、外長上（郡司四等官、軍毅《ぐんき》）、さらにそれらに准ずる外散位《げさんに》（地方出身者で、位だけ持って官職にない者）などもある［野村一九七五a］。

官職に特化してみると、正規の官職は律令のうち官位令《かんいりょう》という編目に規定されているが、ここに規定された正規のポスト以外にも、雑任《ぞうにん》や、地方における郡司・軍毅・国博士・国医師、さらには皇族や貴族に仕える帳内《ちょうない》・資人《しじん》も、広義では官人に含まれる［野村一九七五b］。また位を持って官職にある者はもちろんのこと、位だけ持っていて官職にない者（散位）もある。さらに官職に準じるポストに就いている無位《むい》者も、広い意味では官人層ととらえられる［吉村一九七九］。このように律令国家は、官人の制度を全国的に展開し、重層的で複雑な支配構造を構築していた。

官人把握の原理

さて、こうした官人制・官人社会はどのように理解されてきたのだろうか。

前節で、律令国家に複数存在する支配原理や結集原理について述べたが、官人制と関わってもこうした理解が深められてきた。たとえば吉川真司は、天皇と個々の官人との〈君恩―奉仕〉の互酬《ごしゅう》関係に基づく官人秩序と、官司間・官司内での階統制に基づく官司秩序の二つの支配原理が存在したと評価している［吉川一九八九］。天皇を核とした人格的な関係性を基調としつつ、律令制に規定された関係性も併存したと言い換えられる。

すべての官人は天皇に対して仕奉《しぶ》・奉仕する意識を持っていたことは、吉村武彦が指摘して以来、通説的な位置を占めている［吉村一九八六・一九九三］。その中でも、特に五位以上については、天皇との関係を濃厚に析出することができ、第一節で触れた勅授や勅任のように、五位以上は天皇との人格的関係に基づいて把握されたが、六位以下は官僚制原理に基づいて把握されていたと考えられる［大隅一九九三］。

そうした背景には、五位以上の貴族たちは大化前代のマヘツキミ以来の伝統を持ち、天皇との間に神話的・氏族制的なイデオロギーによって人格的関係を結んでおり、六位以下を領導する役割があったとされる［大隅二〇一四］。諸豪族はそれぞれ個別の出自に関する伝承や神話を有しているが、氏族の系譜や伝承は、それぞれの氏族の位置づけや、奉仕すなわち行政機構へ参加することの正統性を示すもので、政治的かつ現実的にきわめて重要な役割を持っていた［溝口一九八七、鈴木二〇一一など］。『古事記』や『日本書紀』に代表されるような神話や伝承は、諸氏族の記憶を集成し、国家的な需要に基づいて再編したものであるが、反面、氏族の存立基盤は天皇との関係性に拠《よ》るところも大きかったといえる。

このように律令制下においても、七世紀以前の氏族制的な秩序が保存されていると考えられ、それが特に五位以上には顕著であったと見られている。ただし、六位以下に留《とど》まるような氏族がそうした神話・伝説を持たないかというとそうでもなく、明確な線引きは難しい。

このほか、官人を把握するにあたって、五位以上は位階によって、六位以下は職階に基づいた員数で把握される存在であったとの指摘もある［虎尾一九八四・二〇二二］。さきの大隅説にせよ、六位以下は機械的な方法で把握されていたと考えられている。

五位以上官人は、奈良時代前半では一五〇名程度、奈良時代半ばには三〇〇名近くにのぼる（［土田一九四八］）とはいえ、都だけでも官司に勤める人員が一万数千以上いたことからすれば、限定的な人数である。裏を返せば、全体の中で六位以下の数は圧倒的に多いのである。さらに奈良時代初頭では、五位以上官人は原則として都にいる者だけであり、のちに外《げ》五位《ごい》として地方豪族ながら貴族に準じる地位を得る者も増加したが、地方も含め広範囲に展開していたのが六位以下の特徴であるといえる。このように六位以下官人が膨大に、かつ幅広く展開していることを前提に考えれば、彼らの把握に員数や官僚的秩序といった機械的な原理が持ち出されるのは、ある意味必然といえるだろう。

官人制と畿内・畿外

それでは、こうした官人制の中で、畿内外の区分はどのように存在していたのか。また、畿内外の区分を強調することにどの程度意味があるのだろうか。

律令制において、都で五位以上の貴族となる人々の大半は畿内出身者であるなど、畿内出身者がさまざまな側面で有利なのは事実である。制度上も、外位《げい》や外散位など、地方豪族を区別する制度は存在する。このうち外位とは、地方豪族に与えられた位階で、通常の正一位《しょういち》〜少初位下《しょうそいげ》にいたる三〇階の位階の外に、外正五位上《げしょうごいじょう》〜外少初位下の二〇階が設定されていた。

このように外位はもともと、地方豪族を、中央の官人制と別のはしごで把握するためのものであったが、大宝律令施行から三〇年と経たない神亀《じんき》五年（七二八）、中央の中でも家柄の高くない豪族にも与えられるようになった。中央の官人数が増えすぎて位階を増やす必要性が生じたため、それまで地方豪族を対象としていた外位が、畿内の豪族にも与えられるようになったのである。

このとき、六位から五位に直接昇進できるコース（内階コース）と、五位に上がる手前で外五位に組み入れられるコース（外階コース）が設定された。主に内階コースを構成するのは、多治比《たじひ》などの皇親氏族や、藤原・石川・阿倍・巨勢《こせ》・橘・大伴・百済王《くだらおう》といった名門氏族であるが［野村一九六七］、畿内の豪族も家柄によって昇進コースを区別されることになったのである。つまり、畿内出身だからといって一律に有利というわけではない。

またこの神亀五年の制度改定によって、地方豪族も制度上は内五位《ないごい》を獲得可能となり［仁藤一九九〇〕、大局的に見れば地方豪族も同じはしごに組み入れられたことになる。地方豪族も、究極的には中央の貴族らを頂点とする官人制に位置づけられる存在であったと評価すべきだろう〔十川二〇一二〕。

奈良時代における律令制については、ただちに当時の実態を示すものではなく、当時の日本が目指すべき青写真を示したものとする論がある〔吉田一九八三a〕。こうした側面があったことはおそらく事実で、本格的な律令制が施行されて間もない奈良時代においては、地方支配まで十分に手が及んでいない部分も多々あったことにも注意が必要だろう。

たとえば、地方豪族で官人と位置づけられたのは、郡司層を中心とする人々に限られ〔十川二〇一二〕、律令の原則が構想された七世紀末〜八世紀初めでは、地方行政は未整備な部分も多かったと見られる〔鐘江二〇一四など〕。具体的な事例としては、律令制には国家的な医療制度の一貫として地方における医療制度も規定されているが、奈良時代では、医師不足で地方まで手が回らない状況であったにもかかわらず、唐制に近づけるべく唐の医疾令《いしつりよう》を忠実に継受したことも指摘されている〔丸山二〇一八〕。

こうしたことも踏まえると、そもそも大宝令段階で十分なかたちで律令制的支配が及んでいたのは、都に近い畿内までであり、勤務評定や昇進システムといった地方豪族把握の体制は、ようやく緒についたばかりであったことが、畿内外の区別の一つの要因ではないかとも思わせる。つまり、畿外出身者が不利に見えることをはじめとした畿内外の差とは、律令が施行された段階における状況を背景としたものであったとも考えられる。官人制については、その後も官人身分が全国的に拡大してゆくことを踏まえれば、すべての官人について、天皇の下での序列化を目指している点も評価すべきではないだろうか。

天皇の存在——地方出身者の昇進

律令国家の性格をどのようにとらえるにせよ、君主が天皇であることは変わりない。そうした中、天皇との関係性に基づいて畿外出身者が権力中枢に加わることがある点は確認しておきたい。いくつか例を挙げておこう。

古い事例としては、舒明《じょめい》九年（六三七）に、上野の豪族と見られる上毛野形名《かみつけののかたな》が大仁の冠位を持っていること、蝦夷《えみし》征討の将軍に任じられたことが『日本書紀』に見えているが、ほかに所伝がなく、詳細は不明である。

確実な早い事例は、下野の豪族、下毛野古麻呂《しもつけののこまろ》である。古麻呂は、持統三年（六八九）に、自らが所有する奴婢《ぬひ》六〇〇人の解放を申し出ている。律令国家形成期において、豪族が自らの私有民を積極的に公民化するのは褒賞《ほうしょう》されるべき行為であり、直広肆《じきこうし》（浄御原令《きよみはらりょう》の冠位。大宝令制では従五位下《じゅごいげ》に相当）を授けられている。そののち古麻呂は、文武四年（七〇〇）の大宝律令選定に参加し、大宝元年（七〇一）には諸官司に新しい令の制度を講義し、最終的には正四位下《しょうしいげ》式部卿で参議、大将軍を兼ねるまでにいたった。

特異な功績や学識によって異例の昇進を果たした人物としては、入唐留学生《にっとうるがくしょう》として唐から帰国した吉備真備《きびのまきび》も挙げられる。もともと下道《しもつみち》真備といい、備中国下道郡の豪族出身であった。霊亀《れいき》二年（七一六）に留学生となって唐に渡り、天平七年（七三五）に帰国し、唐から将来した典籍などを献上した。このときは従八位下《じゅはちいげ》と、一介の下級官人に過ぎなかったが、聖武天皇からの信任を得て順次昇進を遂げ、天平九年には従五位下へと昇った。その後、奈良時代の政局にあって紆余曲折を経ながらも、極位極官は右大臣正二位《しょうにい》となった。

もう一人、高麗福信《こまのふくしん》という人物も挙げておきたい。武蔵国高麗郡出身の渡来系氏族で、もとは肖奈福信《しょうなの》といった。伯父に連れられて武蔵から都に上り、同輩たちと相撲で戯《たわむ》れていたところ、その腕が内裏に聞こえ、内竪《ないじゅ》（天皇家の身の回りに仕える身分）に召し出された。その後、聖武天皇の恩寵《おんちょう》を蒙《こうむ》って、天平一〇年には外従五位下、翌一一年には従五位下へ昇った。聖武の娘である阿倍内親王（のちの孝謙天皇）が皇太子となった際には春宮亮《とうぐうのすけ》となり、その後も要官を歴任して極位は従三位にいたった。

このように、地方出身者が天皇の恩寵を蒙って昇進するケースは間々見られる。このほかにも、仏教界に身を置きながら大臣クラスの地位を獲得することになった僧・道鏡の存在など、官人社会とはまったく無縁の者も、天皇とのつながりによっては政権中枢の構成員となる場合もある。もちろん彼らの存在は特殊であり、また先に見た内階・外階コースの制定によって天皇とのつながりがより重視されるようになったとの指摘［鷺森《さぎもり》二〇〇四］や、称徳朝などにこうした人事が顕著に見られることなど、奈良時代の中での変遷や時期ごとの特徴はある。

ただ、それでもある程度一貫して、天皇とのつながりによる昇進の事例があることからすれば、奈良時代の権力構造は、畿内外という線引きよりも、天皇の存在を核とした結合の大きさに改めて注視する必要があるのではないだろうか。

官人たちの身分は、国家によって設定された公的なものである。官人たちは、天皇のもとで序列づけられる臣下（被支配者）であるが、行政機構に参画する為政者（支配者）でもある点は忘れてはならない。天皇が貴族たちを自らの手足となる官僚に編成するということは、貴族からすれば、天皇とつながることで自分たちが為政者であることを保証されることになるのである。

四　多極的な権力構造と権力獲得の道

太上天皇

前節まで、律令国家における天皇の存在の重要性を論じてきたが、その関連で押さえておかなくてはならないのが、退位した前天皇、すなわち太上天皇《だいじょうてんのう》の存在である。

平成から令和への代替わりでは、近代以降初めての生前退位がなされたが、前近代にはこうした退位や譲位は一般的である。そして、退位した天皇と、現役の天皇との関係性は、きわめて複雑であった。先に触れたように国家の基本法典である律令は、天皇の手足となって行政に従事する官人たちのマニュアルであるため、君主である天皇に直接的に関わる規定は存在しない。前天皇である太上天皇についても同様であり、どのように権威や権限を持ちあうのか、といったことも含め、両者の地位については明示されていなかった。

そのため奈良時代には、孝謙太上天皇と淳仁《じゅんにん》天皇の軋轢《あつれき》が藤原仲麻呂の乱（恵美押勝《えみのおしかつ》の乱）へと発展し、平安時代初頭においても、平城《へいぜい》太上天皇と嵯峨《さが》天皇の軋轢が平城太上天皇の変（薬子《くすこ》の変）として顕在化するように、両者の軋轢は折に触れて国家的な混乱の原因となっていた。

太上天皇について、奈良時代には新天皇だけではなく太上天皇も天皇大権を掌握していたとの春名宏昭《はるなひろあき》説が通説的位置を占めるが［春名一九九〇］、その後も多くの研究がある。ごく一部だけ挙げれば、たとえば太上天皇が政治権力を持つことは認めつつ、権威と権力を天皇と相互に補完し合っていたとする説［仁藤二〇〇〇］や、太上天皇が譲位によって誕生することを重視して、新天皇の正当性を保証する後見的な役割を見いだす論［中野渡二〇一七］などのように、在位中の天皇権力を担保する存在であったとの見解も提示されている。

両者の権威・権能（権力）をどのように見積もるかについては議論があるにせよ、天皇家の内部においても権力構造が必ずしも一元化されていない点は十分留意しておく必要がある。

皇太子

さて、ここまで現天皇と前天皇との関係について紹介したが、それでは次期天皇との関係はどうだろうか。つまり、皇太子の位置づけである。

皇太子という地位は、浄御原令で明文化されたとする理解［荒木一九八五］が主流であり、律令制の成立にともなってできた地位と見られる。律令制以前には、次期皇位継承者が存在していたとしても、その地位が制度化されていなかったために、前天皇の死後に群臣会議によって覆《くつがえ》されることや、政変につながることもあった。それが皇太子として制度化されると、安定的に皇位継承が行なわれる蓋然性《がいぜんせい》が高まることになる。この点において、皇太子の制度的な成立というのは、きわめて重要な意味を持っている。

ただし皇太子がいる奈良時代であっても、天皇や太上天皇の崩御《ほうぎょ》によって皇位継承者が変わることもありえ［岸一九六五］、必ずしも安定的に皇位が受け継がれていったとはいえない点にも注意が必要である。奈良時代にも、皇位継承をめぐる政変は幾度となく発生しているように、次期天皇をめぐる関心は依然として高いものであった。

このような太上天皇や皇太子、さらには後述するキサキなど、古代の王族内には権力核となりうる存在が複数あり、多極的な権力構造だったと評価できる。これらを天皇を支える権力体と見て、その総称として「王権」の語を用いる研究者もある［荒木二〇一三など］。このような意味で「王権」の語を用いることに否定的な研究者も少なくない［大津二〇〇六、河内二〇〇六］が、分散的に見える権力構造の中で君主たる天皇の存在をどのように考えるかという点は重要だろう。

奈良時代の政変

奈良時代に度々発生した政変をどのように理解するか、これまでも多くの見解が提示されてきた。そのうち笹山晴生は、平時には天皇と貴族との勢力均衡によって律令国家の権力が高度に発揮されているが、均衡が破れると専権的な貴族の出現による専制化が起こるとしている。ただし専権的な貴族などは天皇権力との結合によって出現しており、貴族層は王権を核として団結して支配層を構成するものと論じている［笹山一九六二］。支配者層の結集核がどこにあるのかを考えることは、たびたび起こった政変の目的、ひいては奈良時代の政治構造を理解する上で重要な問題であることはいうまでもない。

こうした奈良時代の政変について、たとえば近年でも、皇位継承を軸に整理がなされているように［虎尾二〇一四］、やはり皇位継承問題は大きなポイントの一つであったと見てよいのだろう。日本の律令制においては、皇太子に政治的な基盤をつくらせないような制度設計がなされていた、という研究成果がある［坂上一九九〇］。また奈良時代の皇親たちは、本人たちの望まない中で政変に引っぱり出されたとの指摘もある〔倉本一九九八〕。これらの指摘からもうかがえるように、その時点では国家的な権力を持っていなくとも、皇太子やその他の有力皇族の周辺に集まる人物は多い、ということになる。

いささか乱暴にまとめると、次期天皇と結びつくことが大きなメリットになることを端的に示しており、この点でも天皇という存在を核とした権力構造を考える必要があるといえる。

ところで政変のあり方について、たとえば吉備真備らを重用する朝廷に反感を募らせて九州で反乱を起こした藤原広嗣《ひろつぐ》、権力が過度に集中した藤原仲麻呂暗殺を企てた藤原宿奈麻呂《すくなまろ》らのように、直接的に暴力的な手段に訴えようとしたものがある。政敵を暴力的手段で滅ぼすようなあり方は、大化改新の契機となる乙巳《いっし》の変（中大兄皇子らによる蘇我蝦夷《そがのえみし》・入鹿《いるか》討滅事件）に代表されるように、七世紀以前からたびたび見られる政変の姿である。ただ、律令制以前との大きな差異として、奈良時代には豪族同士の闘争が武力行使ではない、政治的な次元での闘争も増加するという点には留意したい。

たとえば長屋王《ながやおう》の変では、当時左大臣であった長屋王が聖武天皇を呪詛しようとしているとの讒言《さんげん》に遭い、橘奈良麻呂《たちばなのならまろ》の変では、奈良麻呂の反乱計画は密告に遭って頓挫《とんざ》した。訴えを受けた律令国家は、おおよそ制度的な手続きに則って関係者の捕縛《ほばく》・尋問・処断を行ない、事件を終息へと導いてゆくことになる。つまり奈良時代の政変は、暴力的な手段に訴えるばかりではなく、高度に制度化された秩序の中で政治的な駆け引きによってなされることも多いといえる。また孝謙太上天皇と、淳仁天皇・藤原仲麻呂(恵美押勝)との間で生じた軋轢では、孝謙が国家権力発動のキーアイテムである鈴印《れいいん》を奪取するという行動に出ている。すなわち武力行使の目的が、政敵への暴力ではなく行政手続きの確保に向けられているといえる。

このように八世紀の政変においては、皇族にせよ貴族にせよ、律令制の中でどのように立ち回るかが重視される場面が増えている。制度が浸透した姿や、その中で官僚化する貴族層、といった側面を評価できるだろう。

権力獲得の道

では、天皇と個別の結びつきを持った特定貴族は、いかにして国家的な権力と関わるのだろうか。この点について、近年注目されている天皇家産《かさん》に着目しながら考えてみたい。

中国から継受した律令制の内面に、律令制以前の要素も多く含んでいることは、第一節でも述べた通りである。特に、近年中国で発見された北宋天聖令により、これまで知られなかった中国令の本文が、部分的ながらも明らかになったことで、大宝・養老令における日本独自の要素が、従来想定されていた以上に存在していたことが判明している（研究動向や成果については［大津編二〇〇八・二〇一一・二〇二〇］などを参照されたい）。

本論と関わる点では、古く石母田正が、日本の律令に規定された官司を、古い型（中務省、大蔵省、宮内省など）・新しい型（民部省や兵部省など）に分類した［石母田一九七一］。石母田は、新しい型は、数字や帳簿といった抽象的なツールに基づいて支配を行なうきわめて律令的な官司、古い型は、現実に物を扱う現業的な官司であるとの特徴が抽出でき、特に古い型の官司とは、律令制以前において天皇の身の回りの衣食住や生産を掌った組織が制度化したものであると位置づけた。

平城京の長屋王家跡から出土した大量の木簡により、奈良時代の大皇族の家政機関（家産を管理する組織）も、令制宮内省と似た構成を取っていることが明らかとなり、古い型の官司が旧来の天皇家産機構の姿を示していたとの理解は、おおよそ妥当なものと考えられる。

さて、長屋王家の家政機関は、長屋王の父・高市皇子《たけちのみこ》から受け継がれ、高市の子孫が一体となって存続するための核となっていたこと、さらに別系統の家政機関として長屋王の室であった吉備内親王《きびないしんのう》の家政機関も併存したことなどが明らかにされている［森二〇〇〇］。このような、皇族や貴族の家産の具体像が明らかにされたこともあり、天皇についてもその家産の存在が改めて注目されるようになった。

それでは、律令国家の中で天皇の家産とはどのような位置づけのものだったのだろうか。古尾谷知浩《ふるおやともひろ》の論に基づいて整理しておきたい。

律令制においては、収入全般を掌り国家の必要部分に分配する、国家の蔵としての大蔵《おおくら》省《しょう》が存在する。これに対し、中務省《なかつかさしょう》の下にも天皇の蔵としての内蔵寮《くらりょう》という財政官司が存在している。この内蔵寮からの出給は、中務省・太政官といった官僚機構を経由する必要のない手続き（奉口勅索物《ほうくちょくさくもつ》）によるもので、天皇に対する供御《くご》、別勅《べつちょく》（法や先例を超えて物事を行なうよう命じる勅）による賜物《たまもの》・饗饌《きょうせん》・諸社奉幣《ほうべい》・山陵奉幣などは、こうした特例的な手続きによって出給された。この支出は、天皇と官人個々人との人格的関係強化や宗教的な結集などといった特殊な意義を有したらしい。こうしたことから、内蔵寮の機能とは、単に天皇の「私的」な問題ではなく、律令制の中で構想された国家的な位置づけを持つのであり、律令国家が家産制的な性格を持ったと見られる［古尾谷二〇〇六］。

七世紀以前から存在した天皇の私的な側面を核に律令国家が形成され、律令国家において天皇の「私」と国家とは不可分の関係となったといえるだろう。

筆者は、天皇・天皇家産を中心とした秩序が国家の核となるためには、律令法の存在はや

は り不可欠であったと考える。律令制と天皇・天皇家産を中心とする秩序が相互補完的に機能することで、日本の古代国家の形成・展開が促されたのだろう［十川二〇一三］。天皇家の家産管理は、天皇－太政官とは質が異なるが、天皇と貴族との結合や政治過程を考える上で無視することはできない［鷺森二〇一八書］との指摘もある。天皇家産に関わることは、臣下が天皇と結びついて国家権力に関わるための鍵である可能性が高い。

奈良時代にはたびたび、藤原氏から権力中枢に加わる者が出現するが、彼らについてもまた、天皇家産と関わるケースが散見する。奈良時代前半では、藤原房前《ふささき》が内臣《ないしん》という立場に任ぜられるが、この内臣は、聖武の皇后となった光明子《こうみようし》を介して藤原氏の家産・天皇家の家産を動かす存在であった可能性が高く、奈良時代半ばに藤原仲麻呂が整備した紫微中台《しびちゆうだい》や紫微内相《ないしよう》などへと継承されたと見られる。

ところで、橘諸兄《たちばなのもろえ》（光明子の異父兄）、藤原仲麻呂（光明子の甥）らの時代にあっても、房前の息子たち（光明子の甥）など広く光明子の血縁者が政権中枢メンバーに加わっている。このように奈良時代半ばの政治情勢において、光明子の存在、そしてそれを核に結集した藤原氏が天皇家産との関わりを持つことで、政界における力を確保していた可能性が高い［十川二〇一七］。

キサキ

奈良時代半ばに光明子が政治的結合の核となった可能性に触れたが、令制前の大后《おおきさき》以来、キサキもまた政治上重要な位置を占めたことが、〔岸一九五七〕以来、多くの研究によって明らかにされてきた。夫婦別財の古代社会においては、キサキは独自の宮とその経済的基盤を所有しており〔三崎一九八八、橋本一九九五〕、一つの権力核たりうる存在であった。

奈良時代でいえば、たとえば光明子の皇后宮職《こうごうぐうしき》（皇后の家政機関）について、正倉院文書や平城京左京二条大路側溝から出土した木簡によって、具体的な姿が明らかにされ、特異な地位を持っていたことが指摘されている〔鬼頭一九七七、中林一九九三・一九九四〕。

なお光明子について、聖武は、光明子を皇后に立てるにあたり、〃天に日月があるように、大地に山川があるように、自らと光明子が並んで天下の政を治める〃と述べ（『続日本紀』天平元年八月壬午条より）、晩年には、自らを君主と仰ぐ者は光明子にもよく仕えるようにと詔している（『同』神護景雲三年〔七六九〕十月乙未朔条）。藤原仲麻呂政権下では、太政官が乾《けん》政官《せいかん》、皇后宮職をもとにした紫微中台が坤宮官《こんぐうかん》と改められているが、国家機構の中心である太政官と皇后の家政機関は、乾坤《けんこん》、すなわち世界を構成する二大要素であった。

近年では、女帝・譲位との関連からも分析が行なわれ、キサキは権力を分掌するものではなく、太上天皇・皇太子などとともに天皇位を安定させる存在であったとの指摘もなされている［遠藤二〇一五］。本章で深く踏み込む余裕はないが、女帝や皇位継承を含めて総合的に考えてゆく必要があろう。

ここまで、天皇家産との関わりを持つことによって内廷の枢要にあずかることが、権力確保の一つの手段であった可能性が高いことを見てきた。筆者の関心に基づく整理ではあるが、天皇家産に限らず、皇后や次期天皇など複数の入り口から天皇につながってゆく筋道が存在する権力構造にあっても、最終的に天皇という地位に権威・権力が収斂《しゅうれん》されるという事実を、どのように評価するかが重要なのだろう。

五　奈良時代を理解するために

以上本章では、奈良時代の国家権力の所在について考えてきた。多極的な構造の中でも、天皇という地位や存在が中核的な役割を担うという点など、律令国家の中での天皇をどう評価するか、という点を考えてゆくことが、当面の課題と考える。

ところで本論でもたびたび、律令国家を複数の原理でとらえる見方を紹介してきたが、こうした視点が定着したことにより、律令国家成立の画期性が薄れたのではとの批判もある［北二〇一七］。律令制以前の要素が残存していることを大きく評価するあまり、かえって律令国家が成立したことの意義が分かりにくくなっているという指摘である。

七～八世紀の構造を考えるとき、旧来の豪族層が律令制下でも大きな影響力を持っていたり、律令制の中に旧来の要素が多分に含まれていたりするなど、本質が大きく変化したわけではない。律令国家が成熟してゆくのは九世紀以後と見るのが、近年の古代史研究では主流だが、このことからすれば、奈良時代はまだまだ過渡期的な状況と評価すべきだろう。

二元論的な理解がもたらしたのは、むやみに律令国家の成立を画期と見なすのではなく、律令国家が成立してもなお、過渡期的な状況が続いてゆくという姿であった。奈良時代についても、変化し続ける時代の中で、天皇の存在を核としてどのように国家としてまとまってゆくか、あるいは天皇という身位がどのように変化してゆくのか、動態的に問われなくてはならない。

本章で紹介した研究史や、それらを踏まえつつ述べたことは、あくまでも多様な論点の中の一部分に過ぎない。これらのほかにも、現在にいたるまで多くの研究が蓄積されている。今後もそうした多角的な視点のもと、当時の国家の中で天皇が何を代表していた存在なのか、問われ続けることを期待して、この章を閉じたい。

参考文献

阿部武彦「古代族長継承の問題について」（『日本古代の氏族と祭祀』吉川弘文館、一九八四、初出一九五四）
荒木敏夫『日本古代の皇太子』（吉川弘文館、一九八五）
荒木敏夫「王権とはなにか」（『日本古代の王権』敬文舎、二〇一三）
石母田正『日本の古代国家』（岩波書店、一九七一。のち、『石母田正著作集　第三巻』一九八九所収。二〇一七年岩波文庫として再刊）
石母田正『日本古代国家論　第一部』（岩波書店、一九七三。のち、『石母田正著作集　第四巻』一九八九所収）
伊藤循「畿内制権論争の軌跡とそのゆくえ」（『歴史評論』六九三、二〇〇八）
井上光貞「律令国家群の形成」（『井上光貞著作集　第五巻　古代の日本と東アジア』岩波書店、一九八六、初出一九七一）

遠藤みどり『日本古代の女帝と譲位』（塙書房、二〇一五）
大隅清陽「儀制令における礼と法」（『律令官制と礼秩序の研究』吉川弘文館、二〇一一、初出一九九三）
大隅清陽「律令官僚制と天皇」（『岩波講座日本歴史　第3巻　古代3』岩波書店、二〇一四）
大隅清陽「畿内政権論」（『講座　畿内の古代学　第Ⅰ巻　畿内制』雄山閣、二〇一八）
大津透「律令国家と畿内」（『律令国家支配構造の研究』岩波書店、一九九三、初出一九八五）
大津透「王権論のための覚え書き」（同編『王権を考える』山川出版社、二〇〇六）
大津透編『日唐律令比較研究の新段階』（山川出版社、二〇〇八）
大津透編『律令制研究入門』（名著刊行会、二〇一一）
大津透編『日本古代律令制と中国文明』（山川出版社、二〇二〇）
門井直哉「古代日本における畿内の変容過程」（『歴史地理学』五四―五、二〇一二）
鐘江宏之「郡司と古代村落」（『岩波講座日本歴史　第3巻　古代3』岩波書店、二〇一四）
川尻秋生「平安時代における格の特質」（『日本古代の格と資財帳』吉川弘文館、二〇〇三、初出一九九四）
川尻秋生「日本古代における合議制の特質」（『歴史学研究』七六三、二〇〇二）
岸俊男「光明立后の史的意義」（『日本古代政治史研究』塙書房、一九六六、初出一九五七）
岸俊男「元明太上天皇の崩御」（同右書、初出一九六五）
北康宏「国家形成史の過去と現在」（『歴史評論』八〇九、二〇一七）
鬼頭清明「皇后宮職論」（『古代木簡と都城の研究』塙書房、二〇〇〇、初出一九七四）

倉本一宏『奈良朝の政変劇』（吉川弘文館、一九九八）
河内祥輔「中世の国家と政治体制」（大津透編『王権を考える』山川出版社、二〇〇六）
坂上康俊「東宮機構と皇太子」（九州大学国史学研究室編『古代中世史論集』吉川弘文館、一九九〇）
鷺森浩幸「王家と貴族」『天皇と貴族の古代政治史』（塙書房、二〇一八、初出二〇〇四）
笹山晴生「奈良朝政治の推移」（『岩波講座日本歴史　第3巻　古代3』一九六二）
佐藤全敏「早川庄八『日本古代官僚制の研究』を読む（上）」（『史論』七四、二〇二一）
鈴木正信「氏族系譜研究の現状と分析視角」（『日本古代氏族系譜の基礎的研究』東京堂出版、二〇一二、初出二〇一一）
関晃「律令国家の展開」（『関晃著作集　第四巻　日本古代の国家と社会』吉川弘文館、一九九七、初出一九五二）
十川陽一「大宝令制下の外散位について」（『ヒストリア』二三四、二〇一二）
十川陽一『日本古代の国家と造営事業』（吉川弘文館、二〇一三）
十川陽一『天皇側近たちの奈良時代』（吉川弘文館、二〇一七）
竹内理三「「参議」制の成立」（『律令制と貴族政権　第1部』御茶の水書房、一九五七）
土田直鎮「奈良時代に於ける律令官制の衰頽に関する一研究」（『奈良平安時代史研究』吉川弘文館、一九九二）
虎尾達哉「律令官人社会における二つの秩序」（『律令官人社会の研究』塙書房、二〇〇六、初出一九八四）
虎尾達哉「奈良時代の政治過程」（『律令政治と官人社会』塙書房、二〇二一、初出二〇一四）

虎尾達哉「「律令官人社会における二つの秩序」補考」（『律令政治と官人社会』塙書房、二〇二一）
中野渡俊治『古代太上天皇の研究』（思文閣出版、二〇一七）
中林隆之「律令制下の皇后宮職（上・下）」（『新潟史学』三一・三二、一九九三・一九九四）
長山泰孝「律令国家と王権」（『古代国家と王権』吉川弘文館、一九九二、初出一九八五）
西本昌弘「畿内制の基礎的考察」（『日本古代儀礼成立史の研究』塙書房、一九九七、初出一九八四）
西本昌弘「畿内制とウチツクニ」（『講座　畿内の古代学　第Ⅰ巻　畿内制』雄山閣、二〇一八）
仁藤敦史「外位制度について」（『古代王権と官僚制』臨川書店、二〇〇〇、初出一九九〇）
仁藤敦史『古代王権と官僚制』（臨川書店、二〇〇〇）
仁藤敦史「律令国家の王権と儀礼」（佐藤信編『日本の時代史4　律令国家と天平文化』吉川弘文館、二〇〇二）
野村忠夫「内・外位制と内・外階制」（『律令官人制の研究　増訂版』吉川弘文館、一九七〇、初出一九六七）
野村忠夫「官人の定義と官人制構造の基本構成」（『官人制論』雄山閣、一九七五a）
野村忠夫「概論」（同右書、一九七五b）
橋本義則「平安宮内裏の成立過程」（『平安宮成立史の研究』塙書房、一九九五）
春名宏昭「太上天皇制の成立」（『史学雑誌』九九―二、一九九〇）
早川庄八『日本古代官僚制の研究』（岩波書店、一九八六）
古尾谷知浩『律令国家と天皇家産機構』（塙書房、二〇〇六）

古瀬奈津子「律令制は誰のためのものか」（同編『律令国家の理想と現実』竹林舎、二〇一八）
丸山裕美子「唐医疾令断簡（大谷三三一七）の発見と日本医疾令」（小口雅史編『律令制と日本古代国家』同成社、二〇一八）
三崎裕子「キサキの宮の存在形態について」（『史論』四一、一九八八）
溝口睦子『古代氏族の系譜』（吉川弘文館、一九八七）
森公章『長屋王家木簡の基礎的研究』（吉川弘文館、二〇〇〇）
吉川真司「律令太政官制と合議制」（『律令官僚制の研究』塙書房、一九九八、初出一九八八）
吉川真司「律令官僚制の基本構造」（同右書、初出一九八九）
吉川真司「畿内制と畿内地域」（『講座　畿内の古代学　第Ⅰ巻　畿内制』雄山閣、二〇一八）
吉田孝「「律令国家」と「公地公民」」（『律令国家と古代の社会』岩波書店、一九八三a）
吉田孝「律令時代の氏族・家族・集落」（同右書、一九八三b）
吉村武彦「古代王権と政事」（『日本古代の社会と国家』岩波書店、一九九六、初出一九八九・一九九三）
吉村武彦「官位相当制と無位」（『日本古代の政事と社会』塙書房、二〇二一、初出一九七九）

第二章

【平安時代の権力論】

藤原氏は権力者だったのか？

黒須友里江

一　摂関政治像の転換

平安時代、特にその中期にあたる摂関期は、長らくネガティブなイメージを持たれてきた。それは、他氏排斥により突出した力を持つようになった藤原氏（北家）が摂政・関白として天皇の権力を奪って政治を掌握した、また、貴族たちは優雅な生活を送り政治を蔑《ないがし》ろにした、というようなものである。程度の差こそあれ、現在でもこのようなイメージを持つ方は少なくないだろう。日本史学においても、摂関期は長らく人気のない領域だった。

摂関期の政治のとらえ方の通説となっていたのが、黒板勝美《くろいたかつみ》による「**政所《まんどころ》政治論**」、つまり律令国家の中枢機関である太政官に代わり摂関家の政所（家政機関）が国政の中心となり、政所下文《くだしぶみ》や御教書《みぎょうしょ》が官符《かんぷ》・宣旨《せんじ》にとって代わって、朝廷は単なる儀式の場と化した、という見解［黒板一九一三など］である。政所政治論によれば、摂関期の政治は摂関家に私物化され、朝廷や太政官は機能を失っているとされ、これは前述の摂関期のネガティブなイメージに結びつく。

しかし戦後になると、政所政治という概念に疑問が呈され始める。特に土田直鎮《つちだなおしげ》は、摂関家の政所はあくまで家政機関に過ぎず、摂関期においても国政の中心は朝廷および太政官にあり、主要な命令は官符・宣旨によって下されていたこと、また、当時は政務と儀式が一体となって政治が動いていたことを指摘した〔土田一九六一・一九七四〕。

こういった動きの前提となるのが、記録・文書の読解・研究の進展である。それ以前は研究の素材として『大鏡《おおかがみ》』などの歴史物語に重きが置かれていたが、記録・文書を素材とすることで、政治の実相に迫ることが可能となった。その結果、政所政治論は否定されるにいたった。

ここで、平安時代の史料について述べておきたい。『日本書紀』にはじまる六国史《りっこくし》は研究の基本素材だが、仁和《にんな》三年（八八七）八月までを収めた『日本三代実録』で途絶えてしまう。その後も国史の編纂《へんさん》は続行されたものの、完成することはなかった。

一方で平安中期以降、個人（平安時代においては天皇や貴族）の日記が多く残されるようになり、これら史料群を研究上「古記録」と呼んでいる。藤原師輔《もろすけ》の『九条殿遺誡《くじょうどのゆいかい》』では、前日の公事《くじ》や重要な私事などを忘れないように具注暦《ぐちゅうれき》（詳しい暦注の入った漢文の暦）に書くことを日課とし、特に重要な公事については別に詳しく記して後鑑《こうかん》（後々の照会）に備えるよう述べており、自分のためあるいは子孫のために日々の公事を中心とした日記をつけるという慣習がこの頃定着していったらしい。

その背景には、平安時代に入ってからの宮廷儀式・年中行事の整備にともなう先例・故実《こじつ》の重視がある。儀式・行事については、平安前期以降『内裏儀式』『内裏式』『儀式』などの官撰儀式書が、中期以降は『西宮記《さいきゅうき》』『北山抄《ほくざんしょう》』などの私撰儀式書が編纂され、これら儀式書も研究の重要な素材となっている。

正史の残らない摂関期の研究は、こういった古記録や儀式書、そして文書（特定の相手に宛てて書かれたもの）などの読解・分析の上に成り立っている。ただし、奈良時代と平安時代で研究の基礎となる史料の質が異なるということは、すなわち見えている局面が異なるということであって、奈良時代と平安時代を連続的にとらえたり比較したりしにくいという点が、平安時代の研究の難しさである。

さて、政所政治論が否定されていく中で、一九八〇年代以降、摂関期の研究が急速に進展した。そこで明らかになったのは、頽廃《たいはい》した政治ではなく、奈良時代とは異なるかたちに再編された国家の姿であった。中央の機構において、その再編は「天皇を中心とした」ものだった。

二　天皇を中心とした政治の再編

一九八〇年代〜九〇年代には、それ以前から行なわれてきた宮都の発掘調査結果を活用した「政治の場」の研究が進展し、その中で、平安時代には天皇周辺の空間に大きな変化が生じたことが判明した。

奈良末期から平安初期、朝堂院と内裏（**図2－1**「平安宮大内裏図」参照）の関係に根本的な変化が生じた。

朝堂院は、大極殿《だいごくでん》を正殿、応天門を正門とする区画で、龍尾道《りゅうびどう》を隔てて大極殿より一段下がったところに八つの大きな堂（やや小さいものも含めると一二堂）が存在したことから、八省院とも呼ばれる（**図2－2**「平安宮朝堂院・豊楽院図」参照）。内裏は、紫宸殿《ししんでん》を正殿、承明門《じょうめいもん》を正門とする区画で、平安宮内裏の北半分には後宮が広がっていた（**図2－3**「平安宮内裏図」参照）。

平城宮においては、北に内裏、南に朝堂院というかたちで両者は接続していて、天皇は内裏で生活し、大極殿に出御《しゅつぎょ》して、諸堂で執務する諸司官人《しょしかんじん》とともに自身も政務を執《と》る、という日常を送っていた。朝堂院ではこのような日常政務（朝政《ちょうせい》）のほか、国家的儀式も行なわれた。

しかし、長岡宮において内裏と朝堂院は分離し、そのかたちは平安宮で定着した。これは、天皇が内裏―朝堂院間を頻繁に移動しなくなったことを意味する。平安初期のこの段階において、大極殿は天皇の日常政務の場でなくなり、その機能は内裏（紫宸殿）に移って、朝堂院は特別なときのみ用いられる国家的儀式の場として機能するようになった［古瀬一九八四］。なお、平安宮ではもう一つの儀式の場として豊楽院《ぶらくいん》が、朝堂院の西隣に設けられた（図2―1、図2―2参照）。朝堂院では大極殿の高御座《たかみくら》に御《ぎょ》す天皇に対して龍尾道より下の臣下が朝拝を行なうのを基本型とする、国家的意味を有する儀式が行なわれ、豊楽院では天皇と臣下が一体となって共同体意識を高揚する意味を持つ儀式が行なわれるという使い分けがなされていた［橋本義則一九八四］。

平安初期以降、内裏の中でも空間の使い方が変化していく。当初は紫宸殿が天皇の日常政

図2－1　平安宮大内裏図

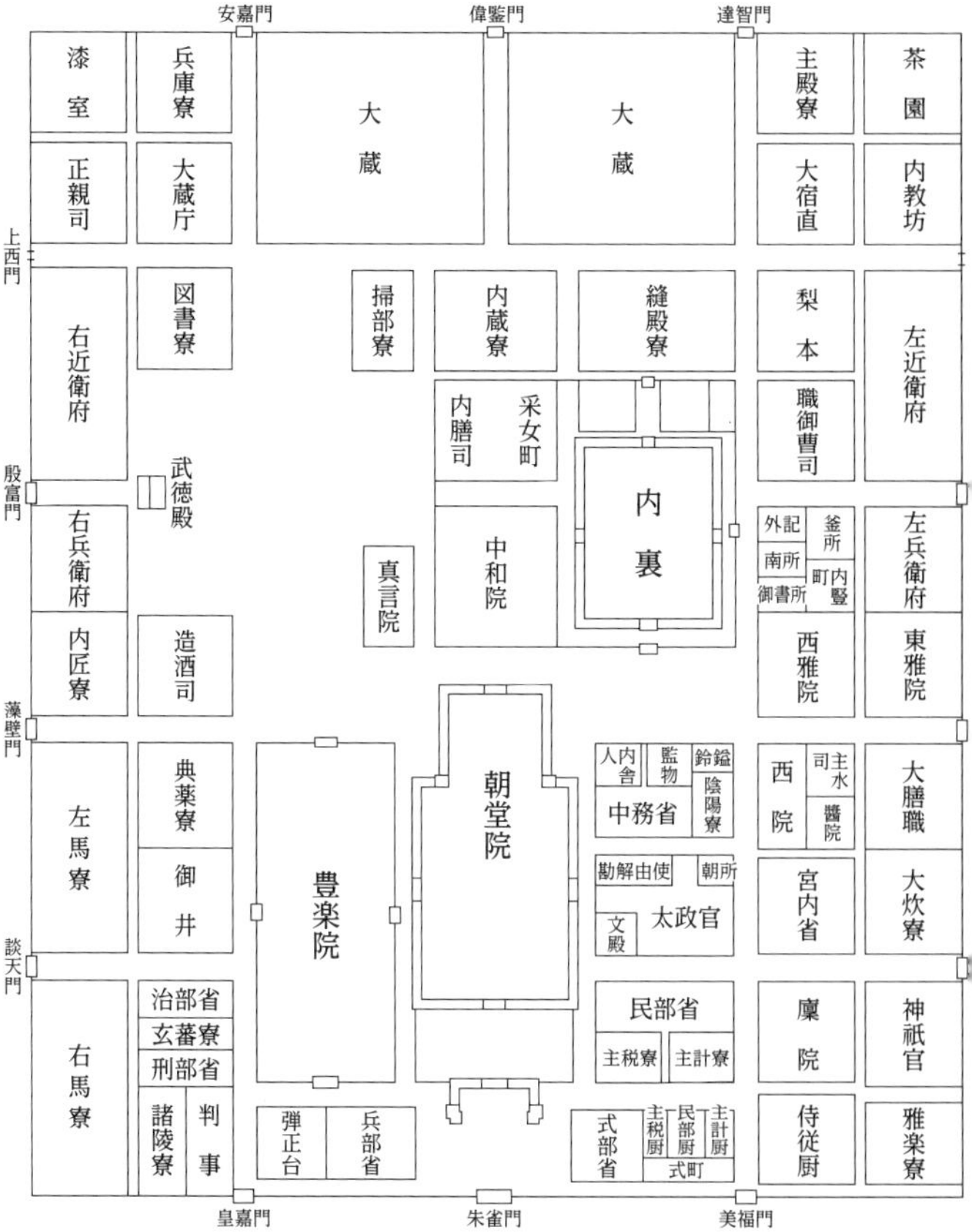

出所：『平安京提要』（角川書店）p166「平安宮推定復原図」をもとに作成

務の場、その北の仁寿殿《じじゅうでん》が天皇の生活の場として用いられていて、紫宸殿の政務の一部は形式を整えて儀式として制度化されていった［古瀬一九八六］。しかし文徳天皇は、仁明天皇が紫宸殿で死去したことを理由に紫宸殿に出御せず、その後幼帝が続いたという事情もあって、天皇が紫宸殿に出御しないことが常態化し、政務の場として用いられない期間が続いた［神谷一九九〇］。

そして宇多《うだ》朝において、清涼殿《せいりょうでん》（紫宸殿の北西に位置する建物）が天皇の日常政務の場と生活の場を兼ねるようになり、紫宸殿は（日常的には用いられない）儀式の場へと変化した［古瀬一九八七］。

天皇の日常政務の場の移動は、天皇周辺の官僚の再編をともなった。天皇の日常政務の場が朝堂院の大極殿から内裏の紫宸殿へ移る中で、延暦一一年（七九二）には五位以上の官人について、朝堂の座に加えて内裏への伺候《しこう》も上日《じょうじつ》（出勤を認められた日）として計上することとされ、内裏が上層官人の日常政務の場として公認された［古瀬一九八四］。

内裏の中でも特に天皇の近くに伺候したのは蔵人《くろうど》である。弘仁元年（八一〇）、嵯峨天皇は近侍《きんじ》者集団としての蔵人所《くろうどどころ》を設置した。蔵人頭《くろうどのとう》・蔵人は、天皇の退位とともに全員解任され、新天皇が即位すると新たな人々が任命される、律令官職とは性質の異なる官だった。

図２－２　平安宮朝堂院・豊楽院図

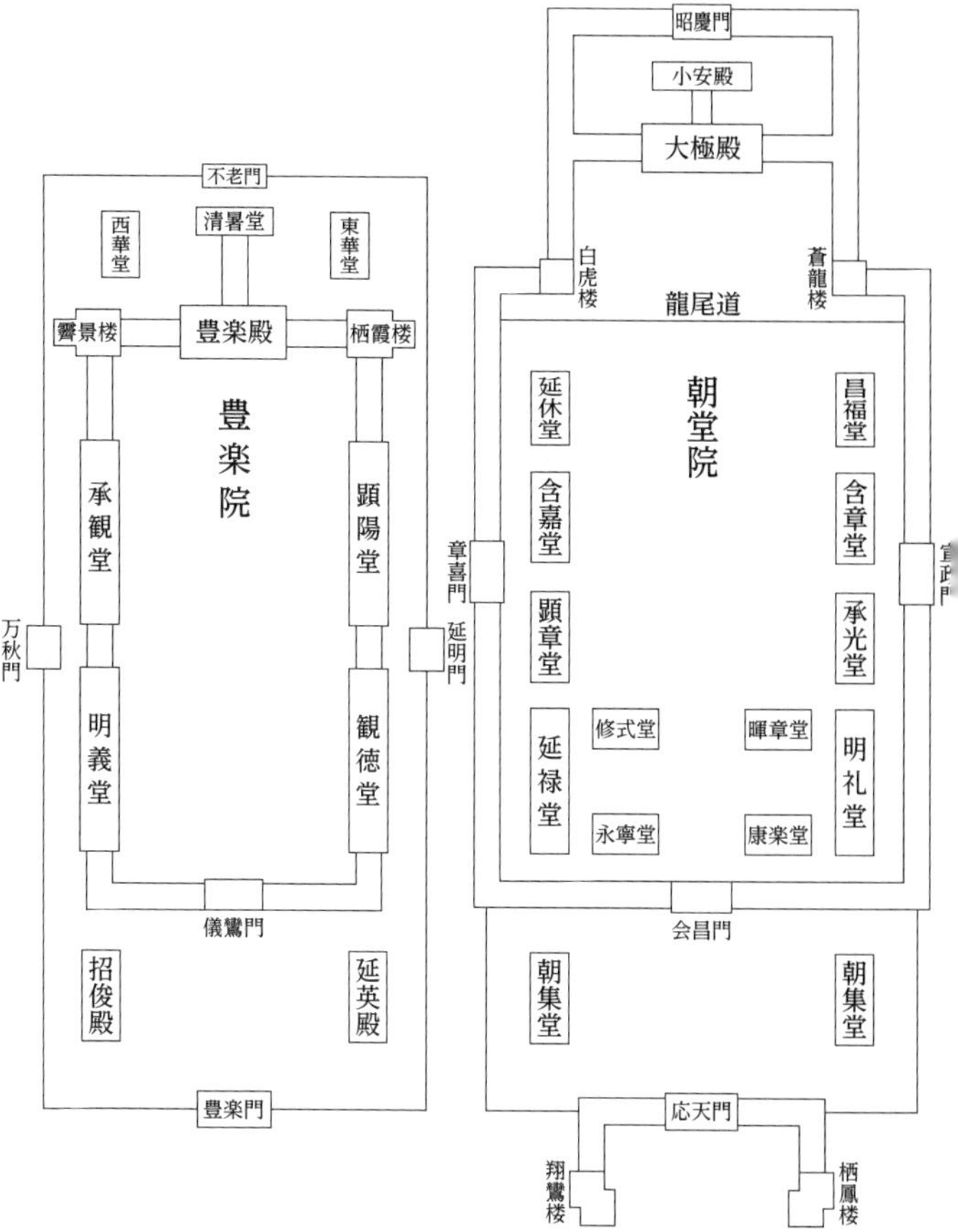

出所：『平安京提要』（角川書店）p167「平安宮朝堂院・豊楽院推定復原図」をもとに作成

そして、側近や血縁者など、天皇と人格的結びつきを持つ者が多く任命された［佐藤全敏《まさとし》二〇一五］。蔵人の政治的重要性は次第に高まり、内裏で開催される儀式・行事を執《と》り行なうほか、奏宣《そうせん》（天皇への奏上《そうじょう》を取り次ぎ、天皇からの命令を受けて伝えること）の役割を担うようになる。奏宣は本来、女官である内侍《ないし》の役割だったが、内裏に男官が進出したことで、蔵人に奪われるかたちとなった。また、蔵人所設置以降、宮中にさまざまな「所」（天皇の家政機関）が設置・整備されるが、九世紀後期以降に設置された所は蔵人によって統轄された［佐藤全敏一九九七］。

天皇の近くにいた男官は、公卿（参議以上）や蔵人だけではない。平安初期以降、「近臣」「近習《きんじゅう》」と呼ばれる人々が天皇の出御する殿舎に伺候することができる、「昇殿制」という制度が現れる。これが発展し、宇多朝において四位・五位で昇殿を許される人々は「殿上人《てんじょうびと》」と呼ばれるようになった。また、清涼殿の南庇《みなみびさし》には殿上人の控室として「殿上間《てんじょうのま》」が設けられ、そこに「日給簡《ひだまいのふだ》」（殿上人の上日を管理する紙を貼り付ける大きな板）が設置された。殿上人は、政務・儀式で中心的役割を果たすようになっていく［古瀬一九八七］。

土田が指摘した摂関期の太政官による国政についても、体系的な研究が進んだ。太政官の政務には、大きく分けて「政《せい》」と「定《さだめ》」の二種類が存在した。政は、諸司諸国から上申され

図2－3　平安宮内裏図

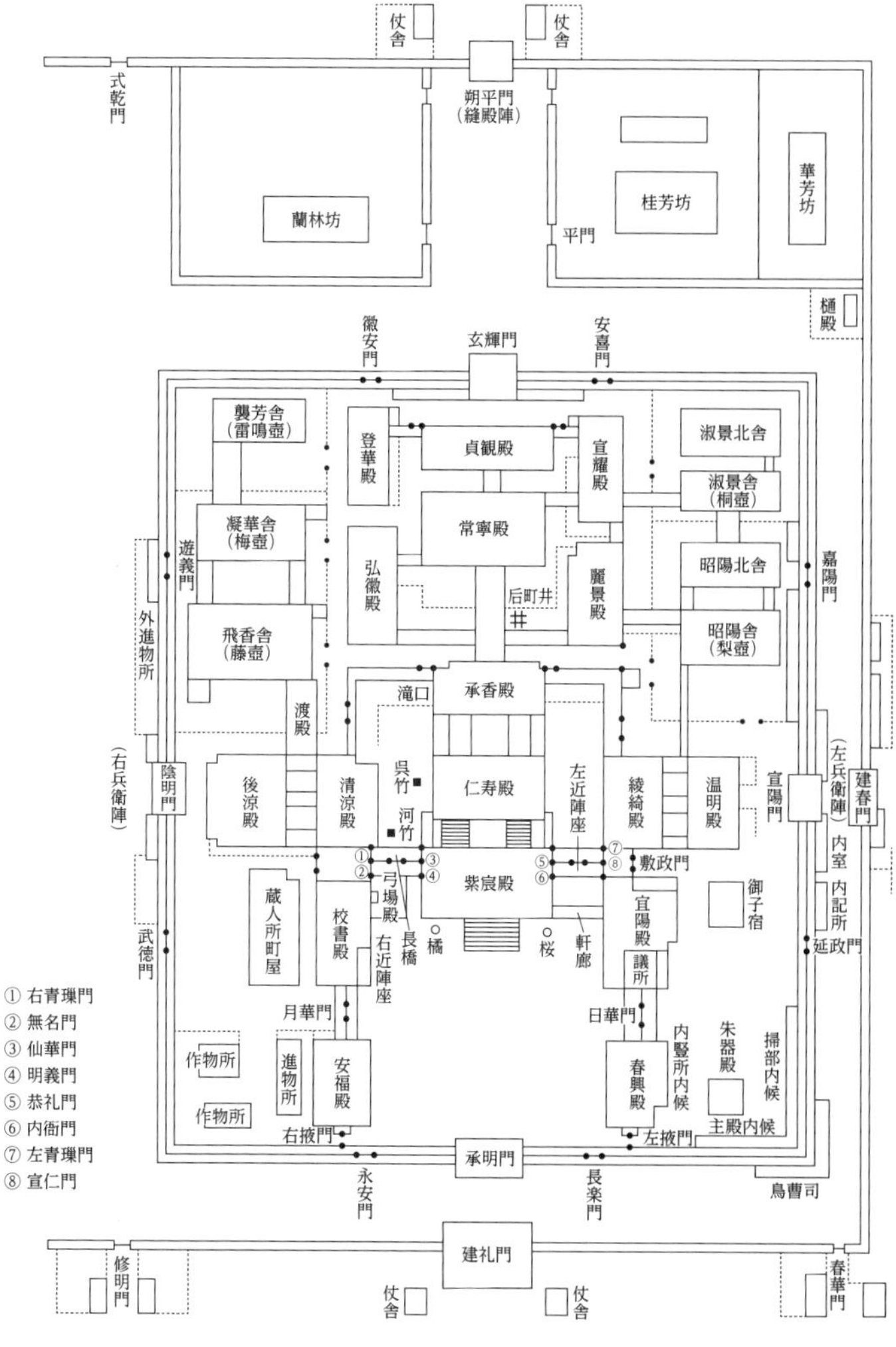

出所：『岩波日本史辞典』（岩波書店）p1405の図をもとに作成

た案件を弁官局（事務部局）、公卿、天皇（太政官からの奏上を受ける）の三段階で審議・決裁していく政務処理のルートで、奈良時代から行なわれてきた方法である。定は公卿による合議・意見具申で、平安時代になって出現した比較的新しい方法である。

かつては、平安時代には政が廃れ、新たな方法である定に政務処理ルートが移行したと考えられてきたが、そうではなく、政で処理するのが難しい案件について定で処理するという使い分けのもと、同時に機能していたことが明らかにされている［曽我一九八七］。

天皇の日常政務の場の移動にともない、政の場も変わっていった。太政官の日常政務は、奈良時代には朝堂院と太政官庁で行なわれていたが、天皇の日常政務の場が紫宸殿に移ると、朝堂院は太政官を含む諸司の日常政務の場ではなくなった。代わって、太政官庁のほかに外《げ》記庁《きちょう》（内裏東側の建春門の向かいに位置する。**図2－1参照**）が日常政務の場として用いられ始め、そこでの政務（外記政《げきせい》）は、弘仁一三年（八二二）に太政官庁での政務（官政《かんせい》）と区別するかたちで確立した。

さらに一〇世紀になると、内裏内において、太政官がさまざまな政務を行なう場として紫宸殿東側の廊に設けられた左近陣座《さこんのじんのざ》（単に陣座とも。**図2－3参照**）においても、「陣申《じんのもうし》文《ぶみ》」が行なわれるようになる。

このように、太政官の基本的な政務が、平安初期から摂関期にかけて、天皇の日常政務の場の移動と連動して場を移していることは、太政官の国政運営における重要性を示している。

三　天皇を補佐するのは誰か――摂関政治の前段階

藤原氏による他氏排斥や強引な権力伸張という見方についても、相対化が進んでいる。九世紀半ば、摂関政治にいたるまでの過程は、教科書などでも特に藤原氏の権力伸張が強調されがちな部分である。しかし、近年の研究を踏まえると、見え方が大きく異なってくる。

幼帝

摂関政治の始まり、つまり摂政が設置される大前提には、天皇が自ら政務を執ることが困難な事態、平安時代でいえば幼帝の出現がある。日本で最初の幼帝は天安二年（八五八）に数え九歳で即位した清和天皇（惟仁《これひと》親王）で、異例の生後八カ月で兄三人を差し置いて皇太子に立てられた。この立太子《りったいし》については従来、清和の外祖父《がいそふ》（母の父）である藤原良房（清和誕生時には右大臣）が政治的権力を握るために強引に実現させたもの、と説明されてきた。『日本三代実録』に載せられている「三超《さんちょう》の謡《よう》」はこの立太子を揶揄《やゆ》したものであり、文徳天皇は第一皇子の惟喬《これたか》親王を皇位につけたかったといわれている。

しかし近年の研究では、惟仁の立太子の背景には、平安初期の皇位継承に関するさまざまな事情があったことが明らかにされている。

平安初期には平城・嵯峨・淳和と、兄弟間での（＝直系ではない）皇位継承が行なわれた。これらは、天皇の実子が幼少のため、天皇の弟が立太子して天皇の実子の成長を待つ、という事情で取られた措置であった。ところが、こういった皇位継承にはたびたび政変がともなったため、承和《じょうわ》の変（八四二）で恒貞《つねさだ》親王が廃太子された後、直系継承が行なわれるようになった。

ただし、直系継承は世代交代が速いため、幼年の皇太子や天皇の出現を許容する必要、具体的にはそれを後見・補佐する役職を創出する必要が出てくる［西本二〇二二］。

また、惟仁が兄三人を超えて立太子した背景には、後宮におけるキサキ（天皇の妻にはさまざまな名称があるため、それら全体を示す場合カタカナ表記にするのが通例である）の序列整備

図2－4　桓武～清和略系図

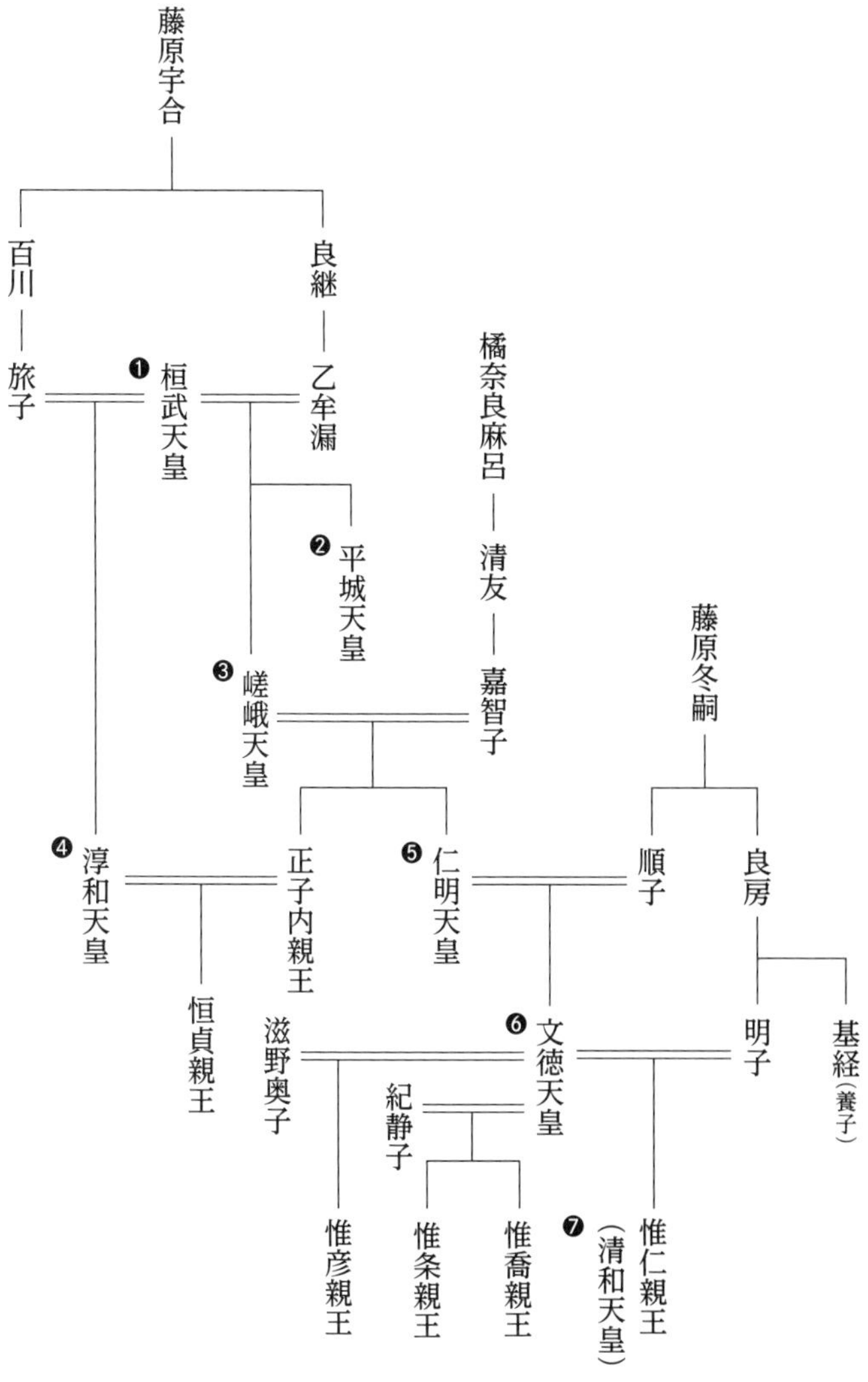

※数字は即位の順を示す

があったことが明らかにされている。後述のように奈良時代、藤原光明子《こうみょうし》までは皇后宮《こうごうぐう》が平城宮の外に所在し、また女帝の期間が長かったため、後宮があまり発展しなかった。しかし光仁朝に皇后宮が内裏に吸収された後、桓武天皇の後宮に多くの女性が入り巨大化したこともあって、後宮が発展するとともに、新たな秩序が設定された。

律令では天皇のキサキとして、皇后、その下に妃《ひ》・夫人《ぶにん》・嬪《ひん》という序列が定められていたが、それらより下のキサキについて、所生子《しょせいし》に皇位継承の可能性がある女御《にょうご》、所生子に皇位継承の可能性がない更衣《こうい》、という皇位継承と結びついた序列が作られた。

実際に、正子内親王（淳和天皇の后、天長四年〔八二七〕立后《りっこう》）の後、藤原穏子《おんし》（醍醐天皇の后、延長元年〔九二三〕立后）まで約一世紀、立后は行なわれず、女御と更衣以下という後宮の序列が機能していた。穏子が一世紀ぶりに立后されたのは、ほかにも女御所生の皇子がいる中で、孫の慶頼《よしより》王を皇位継承者として確定させるためであった〔以上、山本一也二〇〇一〕。このときに、立后の儀式も唐礼に倣《なら》ったものから当時の日本の宮廷儀礼に即したものへ再整備され〔伴瀬《ばんせ》二〇一六〕、平安初期と摂関期では立后の意味合いが大きく異なっている。

惟仁立太子の話に戻って、女御・更衣というキサキの序列に従えば、第一皇子惟喬・第二皇子惟条《これえだ》の母は更衣紀静子《きのせいし》、第三皇子惟彦《これひこ》の母は宮人（更衣の下位）滋野奥子《しげののおうし》であるから、そもそも皇位継承権を有さなかったことになる。第四皇子惟仁は、母の藤原明子が惟仁誕生の三カ月後に女御となったことで、唯一の皇位継承権を有する皇子となった。生後八カ月での立太子という点についても、桓武天皇の即位と同時に早良親王が立太子されて以降、皇太子は常置となり、践祚《せんそ》（天皇の位を受け継ぐこと）あるいは即位（天皇の位に就いたことを天下に宣言すること。桓武天皇がそれまで践祚と同日に行なわれていた即位を後日挙行して以降、践祚と即位は別のものと認識されるようになった）後すぐの立太子が通例化していたことが指摘されている［吉江《よしえ》二〇一五］。惟仁の誕生は、父・文徳の践祚四日後であったから、唯一の皇位継承可能な親王をできるだけ早く立太子させた結果と説明できる。

もちろん、藤原北家に強引な面がなかったわけではない。しかし、良房が天皇の外祖父として権力を握るために惟仁を立太子させた、という理解は一面的であることが明らかになってきている。そして、文徳が三二歳で死去したという偶然により、日本初の幼帝が即位した。

では、その幼帝を誰が補佐することになっていたのだろうか。摂関期のネガティブなイメージの前提として、天皇親政（自ら政治を行なうこと）こそが本来の政治の姿であるという認識がある。しかし、そもそも天皇大権は天皇一人だけのものではなく、太上天皇・母后も天皇大権を行使・代行できる存在だった。

太上天皇

太上天皇の権能や制度は、平城《へいぜい》太上天皇の変を境に大きく変質した。

奈良時代の天皇は、新帝に譲位しても天皇大権を持っていた（第一章〔十川陽一氏執筆〕も参照）。天皇と太上天皇がいる場合、それぞれが天皇大権を持ち、行使することができたのである。そのため、天皇と太上天皇の間の軋轢が政変につながることもあった。

弘仁元年（八一〇）に発生した平城太上天皇の変においては、平城が平安京から平城京に戻ると「二所朝廷」という状態が出現し、（史上初めてではないものの）太上天皇が天皇大権を持つことの弊害が露呈した。これを受け、その後天皇大権は天皇のみのものとされた［春名《はるな》一九九〇］。

この経験から嵯峨天皇は、譲位する際に内裏を出ることで政治に関与しない意志を示すとともに、それまでは退位すれば自動的に得られた太上天皇の称号を辞退し、新天皇・淳和《じゅんな》から称号を賜《たまわ》るというかたちで太上天皇となった。退位した天皇は新天皇の下にあることを明確に示したのである。

一方で、嵯峨〜淳和の頃は、中国の影響のもと天皇の「家」が整備された時期でもあった。

象徴的なものとして、仁明朝には儒教的道徳観に基づき、天皇が父母のもとに行幸《ぎょうこう》して拝礼を行なう朝覲《ちょうきん》行幸が定着した〔佐藤信《まこと》 一九九一〕。太上天皇は、天皇大権を有する者ではなく、家父長制的な天皇「家」のトップに位置づけられることになったのである。

母后

律令では、皇后・妃・夫人に対応する天皇の母として、皇太后・皇太妃・皇太夫人を、天皇の祖母として、太皇太后《たいこうたいごう》・太皇太妃・太皇太夫人を規定している。妃・夫人以外は、天皇が死去あるいは親政不能となった場合に天皇大権を代行できるとされていたが、実際に代行者として選ばれるには「現天皇の生母であること」が第一条件だった。

后に天皇大権を代行する権能があるという仕組み自体は、中国において皇太后（前の皇帝の嫡妻〔正妻〕）が先帝の死後にその大権を代行できるという制度を輸入したものである。ただし、中国の皇太后がその権能を持った根拠は、「嫡妻として先帝の徳を分有すること」だった〔以上、春名一九九一〕。后による大権代行の根拠は、中国と日本とで根本的に異なっていた。

律令制下で、キサキは国政上、天皇と並ぶ重要な地位にあった。それは皇后宮のあり方にも示されている。聖武皇后・藤原光明子の皇后宮は、平城宮外の父・藤原不比等《ふひと》の邸宅にあり、独自の経済的基盤を中心に運営されていた。しかし、その次の皇后である光仁皇后・井上内親王以降、皇后宮は内裏内に営まれるようになった。皇后宮が内裏に吸収されたことは、皇后が天皇の下に位置づけられ、それまでの政治的地位を失ったことを示している［橋本義則二〇〇六］。

そもそも日本では「天皇の嫡妻」という観念が定着せず、それゆえに大権代行において天皇の生母であることが条件とされた。平安時代に入っても、「天皇の嫡妻」が定着しないことは変わらなかった。そんな中、仁明《にんみょう》天皇の生母である嵯峨皇后・橘《たちばなの》嘉智子《かちこ》が大きな政治的発言力・影響力を持ったこと、そして仁明が皇后を立てなかったことにより、当時整備されつつあった天皇の家の中で「母后《ぼこう》」の権威が超越的なものとなった［西野一九九七・一九九九］。

それをよく示すのが、皇太子恒貞親王が廃された承和の変である。『日本三代実録』の正子内親王（恒貞の母）崩伝には、「太后（正子）震怒《しんど》悲号《ひごう》して母太后（嘉智子）を怨《うら》む」とあり、廃太子には嘉智子の意向が働いたことが読み取れる。事件当時、嵯峨（前々帝・故人）キサキの嘉智子は太皇太后、淳和（前帝・故人）キサキの正子は皇太后だったが、前者と後者の違い、すなわち嘉智子が強い力を行使し得た理由は、「現天皇の母」という点なのである。

以上のように、摂政制の成立以前にも、天皇が自ら政務を執れないという事態は想定されており、太上天皇や母后による輔弼《ほひつ》体制が用意されていた。しかし平安時代になるとその実態は大きく変化し、両者ともかつて有していた天皇大権を行使し得る高い政治的地位を失って、天皇家の中の権威・権力を持つにとどまった。

さらに、天皇家の中の権威を持つ者がたて続けに死去する。嘉祥三年（八五〇）に仁明が死去し、文徳が即位すると、間もなく嘉智子も死去した。その八年後、清和が幼帝として即位したとき、太上天皇は不在、母・藤原明子は女御（直後に皇太夫人となる）、祖母・藤原順子は皇太后であった。そこで新たな補弼体制として選択されたのが、太政大臣藤原良房（明子の父、順子の兄）による摂政だった。

臣下が天皇の政務を代行するという仕組みは、天皇制とも矛盾しかねない異様なものとも思えるが、王権をめぐる制度や秩序の変化、そして太上天皇の不在という状況で、良房が太上天皇の家父長的権威を引き継ぐ［佐藤信一九九一］かたちで成立し得たのである。

こうして清和朝以降に築かれた新たな補弼体制とはどのようなものだったのか、節を改めて見ていこう。

四 摂政・関白とは

かつて藤原氏の専横のイメージにつながっていた摂政・関白だが、それぞれどのような役職だったのか、また何をできて／できなかったのかということの追究が近年進んでいる。

摂政

摂政は一般に、天皇が幼少のときにその政務を代行する役職と説明される。ここではもう少し具体的に見ていきたい。摂政の役職としての特徴は次の三点である。

第一に、摂政は幼帝の政務を代行する。これは改めて言うまでもないことだろう。最初の摂政である良房が清和元服前に摂政に任命された史料は残っていないのだが、この時期に奉《ほう》勅上宣官符《ちょくじょうせんかんぷ》（天皇の発する勅を受けて発給される太政官符）が発給されていて、それらの勅は実質的に良房の決裁によるものと見るのが妥当であることから、良房は清和即位時から幼帝の政務を代行していたと考えられている［今一九九七・二〇〇九］。

第二に、摂政は天皇の元服後は原則として置かれない。これもよく知られたことである。良房が貞観六年（八六四）の清和元服後にどのような立場になったのか明らかではないが、天皇の元服にともなって摂政は辞するべきという認識が良房のときから存在しており、清和元服にともない摂政を辞しようとした、という指摘がある［坂上二〇〇三、今二〇〇九］。ただ、後述のように、摂政を辞任した後の処遇が定まっていなかったため、それを認めることは難しかった。

次代の陽成の摂政をつとめた藤原基経は、元慶六年（八八二）の陽成元服にともない、摂政の辞表を提出している。これも認められず、基経が長期にわたり出仕しないという事態となるが、天皇元服とともに摂政は辞するべきという認識がはっきり見て取れる。

以上のように、摂政という役職の基本的要素は、良房のときにすでにある程度揃っていたとみられるのだが、任命の方法に関しては事情が異なる。

第三に、摂政は幼帝の即位にあたり前帝によって任命される。貞観一八年、清和は九歳の陽成に譲位するにあたり、基経に「幼主を保輔し、天子の政を摂行《せっこう》すること、忠仁公《ちゅうじんこう》（良房の諡《おくりな》）の故事の如《ごと》くせよ」との勅を下して摂政に任命した。摂政の任命はこのように、新天皇の即位にあたって、前天皇が詔勅によって行なう。清和即位時にそれがなかったのは、摂政の初例であるほか、文徳の急死という事情も関係しているかもしれない。

次にその職掌《しよくしよう》を見てみよう。じつは摂政の職掌は明示されていない。それゆえに摂政は天皇の権力（の一部）を奪ったかのようにとらえられることがあるが、摂政は天皇に成り代わるわけではなく、天皇が幼少であるために行なうことができない国政上必要な事柄を代行・補助するものだった。橋本義彦は摂政の職掌を次のように整理している［橋本義彦一九七六］。

①詔書《しようしよ》の御画日《ぎよかくじつ》、覆奏《ふくそう》の「可」「聞」の代筆
②官中奏下《そうげ》一切の文書の内覧（内覧をもって決裁とする）
③官奏《かんそう》・叙位・除目《じもく》・伊勢奉幣《ほうべい》使・即位の礼服《らいふく》御覧の代行
④幼帝の出御儀の扶持《ふじ》

それぞれ少し詳しく説明しておこう。

①の御画日は奏上された詔書草案の年月日の「日」を天皇自身が書き込むこと。それを中《なか》

務省《つかさしょう》が書写し太政官の大納言以上が署名してさらに奏上（覆奏）したものの年月日の次行に天皇が「可」と書き込む。いずれも詔書の発給に必須の手続きである。論奏（公式令《くしきりょう》に規定された太政官からの奏上のうち最上級の形式）については、年月日の次行に天皇自身が「聞」と書き込む。

②は太政官から天皇へ奏上される／天皇から太政官へ下される文書すべてについて内容を確認すること。この「内覧」は関白も行なうが、摂政の場合は天皇が決裁できないため、摂政の内覧のみで決裁が完了することになる。

③は天皇の出御が欠かせない政治上の大権・人事権・祭祀権を「摂政儀」（摂政が代行する場合の特別な次第）で行なうこと。摂政儀では、天皇が出御する位置に摂政が就くのではなく、天皇出御儀とは異なるやり方が設定されている［神谷一九九六］。それ以外の儀式に関しては、摂政による代行はなく、天皇が出御しない「不出御儀」のかたちで行なわれた。

④は天皇の出御が必要な場面で物理的に天皇を補助する役割である。

以上のように、摂政は天皇の行なうべき事柄すべてではなく、国政上どうしても必要な事柄のみを代行していた。

関白

関白は天皇の成人後にその後見役として政務を補佐する役職と説明されるが、成人天皇には本来補佐が必要ないはずなので、それが本質とは言いがたい。先ほどと同様に関白という役職の特徴を見ていこう。

第一に、関白は摂政経験者のために設置された役職である。幼帝に対し摂政を置けば、その人物を天皇の元服後にどう処遇するかという問題が発生する。摂政の役職を解いて元通りの官僚に戻すのでは不十分だとすれば、新たな地位をつくるほかない。良房のときにはその処遇が定まっていなかった。基経は陽成元服にともない辞表を提出したが認められず、出仕しないまま元慶八年（八八四）に陽成は退位した。

続いて即位した五五歳の光孝天皇が、基経を実質的な関白に任命した（「関白」の語はないが、のちの関白を任命する詔とほぼ同様の文言の詔が下された）のが関白の始まりである。ただし、この要素はのちに藤原実頼《さねより》が摂政を経ずに関白に就任したことで失われる。

第二に、関白は天皇の代替わりで任命しなおされる。基経が光孝から実質的な関白に任命された時点では、基経がもともと帯びていた太政大臣という律令官職と、関白という役職の区別は曖昧《あいまい》であった。両者がはっきり区別されるのは、光孝死去後に基経が官奏の内覧（後述の通り関白の職掌）を行なわず、新天皇・宇多から改めて関白に任命する詔を下されたことによってである［坂上一九九三］。天皇の代替わりに際し、律令官職である太政大臣に変更がないのに対し、関白は（蔵人などと同様に）リセットされる。

次にその職掌を見ていく。関白の職掌は、摂政の職掌①～④のうち、幼帝ゆえに必要な①③④を除外した②（関白の場合は摂政とは異なり内覧をもって決裁とはならない）となる。ただし、関白による内覧は、摂政や後述する内覧の行なうそれとはレベルの異なるものだった。光孝が基経を任命した際の詔には「奏すべき事、下すべき事は、必ず先ず諮稟《しひん》せよ」とあるが、「諮稟」は前漢の霍光《かくこう》の例を参照したもので、太政官からの奏上を却下、また天皇から太政官への詔勅の宣下を拒否できる絶大な権限とされる［春名一九九七］。

つまり関白の職掌は、摂政の職掌②の内覧に拒否権を加えたものといえる。ただし、関白を活用するかどうかは天皇次第であり［神谷二〇一七］、天皇に対抗するような力と見るべきではない。

内覧

任ぜられる者が大臣にいたっていないなどの理由で関白を置けない（置かない）場合、内覧を職掌とする地位（のちにその地位自体が内覧と呼ばれる）が設置された。その初例は醍醐朝の藤原時平・菅原道真（醍醐天皇は元服済みではあるが即位時一三歳であったため、大納言であった両者に政務を補佐するよう宇多上皇が任命したもの）である。その後、円融《えんゆう》朝の藤原兼通《かねみち》（任命時権中納言、のち内大臣、太政大臣に昇進する。関白に就任するために内覧の地位を政治的に利用したといわれる［山本信吉《のぶよし》一九七二］）、一条朝の藤原伊周《これちか》（関白である父・道隆が病気の間という期限付きで任命された）も内覧をつとめたが、どちらも一時的な地位といえる。ところが、伊周の次の藤原道長（任命時権大納言）は、二〇年にわたりこの地位にあり続け、後述のように実質的な関白として政治を運営した。摂政・関白の職掌の核は内覧だったのである。

摂政・関白の要件

摂政・関白になったのはどのような人物だったのだろうか。摂政・関白というと、天皇の外戚が就くというイメージがあるが、外戚ならば就任できるとは限らず、実際には外戚でない摂政・関白もいた。

摂政・関白の要件としては、①天皇の外戚であること、②廟堂《びょうどう》の首班（太政官のトップ）

であること、③藤氏長者《とうしちょうじゃ》（藤原氏のトップ）であること、の三つがある〔神谷二〇二二〕。三つすべてを満たすのが理想ではあるが、すべてを満たす人物がいない場合、①あるいは②③のどちらかが優先された。どちらを優先するかということは、摂政・関白に何を求めるかということでもある。次に挙げるように、比較的早い時期には②③が優先された。

・藤原実頼（冷泉関白→円融摂政）……左大臣、のち太政大臣。自身は外戚ではなく弟・師輔（故人）の娘・安子が冷泉・円融両天皇の母。

・藤原頼忠《よりただ》（円融関白→花山関白）……左大臣、のち太政大臣。円融朝において外戚は従兄弟・兼家であり、花山朝において外戚は従兄弟・伊尹《これただ》（故人）の子・義懐《よしちか》であった。

この時期は、①〜③を満たした良房・基経・忠平も、太政官首座たる左大臣や太政大臣として自ら太政官の政務を統轄していた〔春名一九九七〕。また、急を要する事態や重大事案については、摂政・関白が太政官の手続きを飛び越えて対処することができた〔黒須二〇一六〕。しかし、次第に①が優先されるようになる（伊尹が摂政の頃〔九七〇〜九七二〕からこの傾向が見られるとの指摘［春名一九九七］があるので、先に挙げた例のうち頼忠の例は過渡期というべきかもしれない）。

・藤原兼家（一条摂政→同関白）……外戚ではあったが太政官の上席に太政大臣頼忠と左大臣源雅信がいたため、右大臣を辞するとともに天皇から「一座《いちざ》の宣旨《せんじ》」を受けることで、序列としては太政官の第一の座に位置することとなった。

・藤原道隆（一条関白）……外戚ではあったが、上席に左大臣雅信と右大臣藤原為光《ためみつ》がいたため、父・兼家と同様に内大臣を辞して、一座の宣旨を受けた。なお、この方法はその後、通例となっていく。

②③が優先されていた時期とは反対に、この時期の摂政・関白には、太政官の政務を統轄することよりも、天皇との姻戚関係が求められた。

以上のように、摂政・関白に第一に求められる要件は、時期によって変化しており、摂関＝外戚というイメージは、早い時期の摂政・関白にはあてはまらない。

図２－５　天皇・摂関略系図（醍醐～後朱雀）

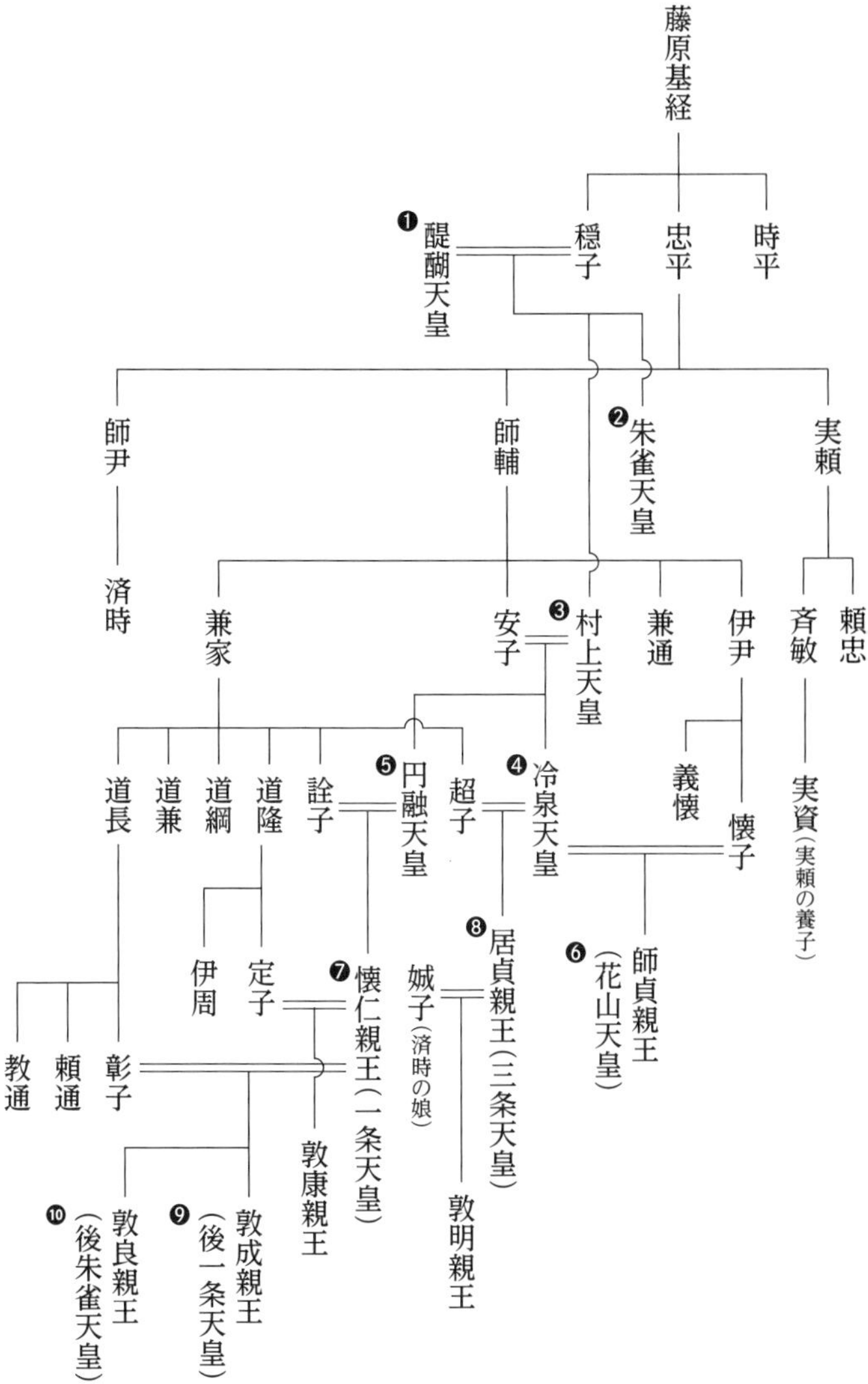

※数字は即位の順を示す

五　母后と天皇

第三節では、母后が本来持っていた高い政治的地位を失ったと述べたが、母后の政治的役割が失われたわけではない。摂関期、母后は新たなかたちで重要な政治的役割を担ったことが、女性に関する研究の進展にともない近年明らかにされている。母后がほかの地位と比べて特殊なのは、天皇と空間を共有できるということである。もっとも、後宮は本来天皇と妻たちの空間で、母后も本来は天皇とともに居住してはいなかったが、幼帝の出現とともに状況は大きく変化する。

清和の即位式では、祖母である皇太后藤原順子が天皇と同じ輿《こし》に乗って大極殿へ移動し、大極殿では高御座の後ろで天皇を見守った。このとき天皇の生母・藤原明子は立后前でまだ女御だったため、順子がこの役割を担った。天皇と空間を共有できる条件として、天皇の母・祖母であることとともに、立后されていることが必要だった〔服藤二〇〇三〕。生活空間に関しても、文徳朝後半から清和朝において、天皇は仮内裏に居住していたが、この頃、母后も仮内裏に居住するようになる。そして本来の内裏に戻った後も、天皇と母后の同居は徐々に定着していき、天皇を日常的に後見《こうけん》するという独自の権能を手に入れた［東海林《しょうじ》二〇〇四］。

摂関政治において外戚の力が大きいのは、子が母方の家で養育される慣習により、将来の天皇が幼少期から外戚と親密になるため、と説明されることが多い。それも大きな要素ではあるものの、天皇の母はより直接的なかたちで天皇を支えていた。

母后の内裏居住は、摂政・関白にも直接の影響を与えた。母后の居住を足がかりとして、その父や兄弟である摂関らが内裏に個人の執務場所（直廬《じきろ》）を持つようになる。藤原明子が皇太后宮職庁《こうたいごうぐうしきちょう》を置いた職御曹司《しきのみぞうし》が父・良房の直廬として用いられるようになったことを端緒として、基経・時平・忠平・実頼も同様に職御曹司を使用した。忠平以降は、娘や姉妹の内裏内の直廬に同居するかたちで、本来、天皇以外の男性が入ることのできないはずの後宮にも、摂関らが直廬を持つようになった［岡村一九九六］。

母后は（特に幼帝の場合）、日常的に最も天皇の近くにいる存在であったが、母后が政治的にどのような力を持ったのかという問題は非常に難しい。母后の力は制度に規定されたものではないので、個々の事例を拾って検討するしかなく、個別の状況によって表れ方が異なっている可能性も高いためである。これまでに指摘されている主要な事例を挙げてみよう。

・藤原穏子が、子である皇太子保明《やすあきら》親王の元服の際、添臥《そいぶし》の人選を醍醐天皇に奏上し、その結果、兄・時平の娘・仁善子《にぜこ》が選ばれた。
・皇太后班子《はんし》女王（宇多上皇母）が藤原穏子の醍醐天皇への入内《じゆだい》を阻止しており、穏子入内は班子死去後に実現した。［以上、服藤一九九八］
・摂政・前摂政に関わる人事が藤原彰子の令旨《りようじ》や仰《おお》せにより決定された。
・藤原彰子が関白の上表《じようひよう》を覧じた。［以上、古瀬二〇一一］
・藤原詮子《せんし》以降、さまざまな人事への母后の関与が見られる。代表的な例では、皇太子敦《あつ》良《なが》親王（後朱雀天皇）の職員や昇殿者を、藤原彰子の御簾《みす》内で道長と摂政・頼通が決定した。［服藤二〇一七］
・藤原詮子の権勢を頼り、訴訟の申文の取り次ぎを詮子に願う者が少なくなかった。［伴瀬二〇〇五］

以上のように、皇位継承や天皇・皇太子近辺に関わる人事、摂政・関白に関わる人事など、国政の重要事項に、母后（藤原氏とは限らない）が影響力を持ったことが指摘されている。また、重要な政務に母后が同席した事例もあり、政治の前面に登場する存在だった。ただし、前述のように、母后の国政への関与は制度的裏づけがあるものではなく、その政治的後見力は、権力中枢構成員内で年齢的に長たる立場のときに強く発揮され［倉本一九九二］、特に藤原彰子は長命ゆえに、強い後見力を発揮した時期が長かったとされる［服藤二〇一七］。また、国家権力レベルの問題において母后が独断で何かを決定しえたわけではない［古瀬二〇〇二］という点も念頭に置かなければならない。

母后の政治的影響力や後見力について、個々の事例を一般化することは慎まなければならないが、摂関期を通して母后の地位が明確なものになったことは間違いない。その最たるものが「女院《にょういん》」の創設である。一条天皇母の藤原詮子は、正暦《しょうりゃく》二年（九九一）に「東三条《ひがしさんじょう》院《いん》」の院号宣下《いんごうせんげ》を受け、史上初めての女院となった。これは、待遇の上では太上天皇と后の両方の性格を持ったもの［伴瀬二〇〇五］とされ、非常に重かった。

続いて、後一条・後朱雀両天皇母の藤原彰子も、万寿三年（一〇二六）に「上東門院《じょうとうもんいん》」の院号宣下を受け、これにより女院が母后に与えられる栄誉ある待遇として定着した［高松一九九八」。女院の制度は、この後江戸時代まで続く。

ここまでは摂関期にそれぞれ異なる権力を有した太上天皇、母后、摂政・関白という立場を個別に見てきたが、それらによって構成される総体としての摂関期の権力は、どのように考えられるのだろうか。

六　平安時代の権力論

古代国家の権力構造を考えるにあたっては、第一章でも述べられているように、多極的な視点が必須だが、清和朝以降、権力構造の中に摂政・関白が加わるとともに、幼帝という要素も含まれるため、より複雑になっていく。

摂関期の権力構造への言及としては、黒板伸夫によるものが早く、忠平政権について、天皇の権威を中心とし、上皇（天皇に対し父権を行使しうる院に限る）や母后、外戚である摂関（ないしこれに準ずる立場にあるもの）、そしてこれらとミウチ関係にある親王・賜姓《しせい》源氏・藤原氏等の貴族集団が、それぞれ相互依存の「権力の環」を形成しており、これがすなわち政治の実権者である、という見解を示した［黒板伸夫一九六九］。これは、黒板が摂関政治成立の画期と位置づける忠平政権を分析した結論として述べたものである。

これに対し倉本一宏は、摂関期の王権（政権）構造をテーマに据えた研究を行なった。まず、一条朝の政策決定過程の分析から、政策決定においては「権力核」（父院・国母《こくも》・摂関）内部での意見調整が行なわれ、それがそのまま最終的な国家政策となり、陣定《じんのさだめ》をはじめとする公卿《くぎょう》議定は形式的なものに過ぎない、と評価した［倉本一九八七］。

ただし「権力核」の語については、著書への再録にあたり用いないこととして「権力中枢構成員」という表現に修正し、「権力の環」「権力核」といった特殊な政権構造モデルを設定する、あるいは政治状況を権力者の個性に解消する、という摂関期の政務運営へのアプローチに疑問を呈した。

そして、より普遍的に説明できるような尺度をつくる試みとして、天皇・摂関・キサキ・院らの血縁・姻戚関係などの六つの指標を設定して、細かく時期を区切って分析し、摂関政治の国政運用の円滑さと、執政者と天皇家とのミウチ関係の強弱が対応していると結論づけた。そして、「摂関政治」でイメージされる様相は、天皇と摂関とのミウチ的結合が強かった場合の政治情勢に過ぎないと述べた［倉本一九九二］。倉本自身が分析した一条朝の政策決定過程も、あくまで天皇と摂関のミウチ的結合が強かった時期のものであり、摂関期一般には敷衍《ふえん》できないということになる。

倉本の研究は摂関期研究に大きなインパクトを与え、その後、公卿議定が国家の政策決定上どんな意味を持ったのかという観点から、陣定の研究が盛んになった。倉本が陣定は形式的なものに過ぎないとしたのに対し、大津透《おおつとおる》は陣定の一種である受領功過定《ずりようこうかさだめ》の分析から、国家の最重要事項を合議する場であり実質を持っていたと強調した［大津一九九六］。一方で吉川真司《よしかわしんじ》は、受領功過定のような積極的な議論が行なわれることは陣定全体から見て稀《まれ》であり、公卿は自分たちに利害のあることのみを熱心に議論していたと陣定の実質に否定的な理解を示した［吉川一九九五］。この対立は、後述するように摂関期全体のとらえ方にも直結している。

現在でも摂関期研究において陣定は重要なトピックではあるが、陣定は受領功過定を除き、結論を出さずにすべての意見を天皇に奏上する諮問機関であって、決定権は持たない（決定権は天皇にある）、という点は忘れてはならない。当然ながら、陣定のみから摂関期を評価することはできないのである。天皇・太上天皇・皇后・摂関を包摂する「王権」あるいは「政権」の構造が十分に論じられてきているかというと、現状はノーだろう。

ここで本章のタイトル「藤原氏は権力者だったのか？」に対する答えを示すならば、藤原氏は唯一の権力者だったわけではなく、摂政・関白あるいは天皇のミウチとして国家権力を構成する一員であって、その力の大きさはほかの構成員との関係の中で相対的に決まり、一定しなかった、ということになろう。

七　摂関政治とは何だったのか

本章のまとめとして、摂関期あるいは摂関政治全体を見渡して、現在の研究状況について述べてみたい。

摂関期の時期区分と道長の評価

九世紀後半から一一世紀後半まで二百年近く続いた摂関政治の時代は、どのようにとらえられてきたのだろうか。よく用いられるのが、前期摂関政治、延喜・天暦の治、後期摂関政治という区分である。

・前期摂関政治………文徳〜宇多朝（摂関は良房・基経）
・延喜・天暦の治……醍醐・村上朝（摂関が置かれない）、ただし間に朱雀朝（摂関は忠平）がある
・後期摂関政治………冷泉朝以降（摂関は実頼以降）

摂関が置かれなかった醍醐・村上朝をはさんで摂関期を区分するものだが、この区分に関しては、特に延喜・天暦の治のとらえ方が論点となってきた。

「延喜・天暦の治」というと、天皇親政というイメージが強いかもしれない。たしかに醍醐・村上朝には摂関は置かれていないが、藤原氏の力が弱まり天皇の力が強くなった時期、という理解が適当ではないことは以前から指摘されている。基経の死後も、時平・忠平・師輔（以上は親子）が政権を担当し続けていたこと、醍醐朝から村上朝初期には穏子（時平・忠平の妹）が、村上朝には安子（師輔の娘）が皇后となり、天皇と藤原氏の関係は維持され

表２－１　「天皇・摂政・関白・内覧」一覧（清和朝〜後三条朝）

天皇	摂政	関白	内覧
清和 858〜876 （864元服）	良房		
陽成 876〜884 （882元服）	基経 876〜882 （上表）		
光孝 884〜887		基経 884〜887	
宇多 887〜897		基経 887〜**891**	
醍醐 897〜930			時平 897〜**909** 菅原道真 897〜901
朱雀 930〜946 （937元服）	忠平 930〜941	忠平 941〜946	
村上 946〜967		忠平 946〜**949**	
冷泉 967〜969		実頼 967〜969	
円融 969〜984 （972元服）	実頼 969〜**970** 伊尹 970〜**972**	兼通 974〜**977** 頼忠 977〜984	兼通 972〜974
花山 984〜986		頼忠 984〜986	
一条 986〜1011 （990元服）	兼家 986〜990 道隆 990〜993	兼家 **990** 道隆 990 道隆 993〜**995** 道兼 **995**	伊周 995 （道隆病の間） 道長 995〜1011
三条 1011〜1016	道長 1015〜1016※		道長 1011〜1015
後一条 1016〜1036 （1018元服）	道長 1016〜1017 頼通 1017〜1018	頼通 1018〜1036	
後朱雀 1036〜1045		頼通 1036〜1045	
後冷泉 1045〜1068		頼通 1045〜1067	
後三条 1068〜1072		教通 1068〜1072	

凡例：それぞれの在位／在任期間を示した。死没による退任は太字とし、適宜就任順序を示す矢印を付した。
※道長は長和四年(1015)十月から翌年正月まで准摂政。

発展の根拠を築きつつあった［藤木一九六六］。

この指摘からさらに進んで春名宏昭は、醍醐～村上朝は朱雀朝を中心に、むしろ天皇と母后と外戚たる摂政・関白、という摂関政治の基本となる枠組みを構築した時代ととらえるべきと述べている［春名二〇一五］。

延喜・天暦の時期というと、「聖代」と呼ばれ特別視されていたこともよく知られている。林陸朗《ろくろう》は官職を希望する中文の文言の分析から、一条朝において人事面での現状に不満を持つ学者文人層が、詩文礼楽《しぶんれいがく》が重んぜられ文運《ぶんうん》（学問・芸術が盛んに行なわれること）が興隆した世として、延喜・天暦の二代を理想化して喧伝《けんでん》した観念が「聖代」であると述べた［林一九六九］。

この認識は現在まで広く受け入れられてきたが、最近になって国文学からの批判が提示された。出口誠は、もともと当代の美称であった「聖代」に、朱雀朝以降、重層的に意味が加えられていき、一条朝において「聖代」は、当代を好文《こうぶん》・用賢《ようけん》（学問を好み学者を登用する）の世と称揚する語になったと指摘した［出口二〇二二］。すなわち、「聖代」の語を根拠に延喜・天暦の時期のみを取り出して区分することはできないのである。

また、朱雀朝では、天皇即位と同時に忠平が摂政に就任し、天皇成人後に関白に就任、そして村上朝の初めに没するまで関白であった。これは、同一人物が同一天皇の間に摂政から関白へ転じた初例であり、長期にわたって政権の座にあった忠平の時期は、摂関政治成立の画期として注目されてきた［黒板伸夫一九六九］。

しかし、忠平を画期とする見方は近年疑問視されている。同一人物が同一天皇の間に摂政から関白に転じた初例であるという点については、良房・基経の延長上にあるに過ぎず、摂政・関白のあり方に特に新しい展開をもたらしたわけではない。また、儀式・故実が成立し摂関政治を支える貴族連合政権が確立したのが忠平の時期だと黒板は主張するが、これは九世紀中葉から徐々に形成されてきたものであり、特に忠平の時期が画期とはいえない［神谷二〇一九］。

以上のように、延喜・天暦あるいは忠平の時期を境界・画期とする区分にはあまり必然性がないように思われる。ただ、これに代わる摂関政治の区分が十分に議論されているとはいえないのが実情である。

現在提示されている、摂関政治の展開に基づいた新たな区分を紹介しておこう。

吉川真司は、兼家政権を境界として、これ以前を前期摂関政治、以降を後期摂関政治と呼ぶべきとする［吉川一九九五］。これは、兼家が大臣を辞して摂政のみとなったことを、摂関が太政官政務から離脱し天皇と直接関係を深めるようになった契機として重視するものである。なお、吉川は後期摂関政治を初期権門体制（後述）ととらえている。

神谷正昌《まさよし》は、摂関のあり方には個別の事情と性格がそれぞれに存在するため、そもそも共通の特徴を見いだし整合的に区分することは困難としながらも、あえて時期区分をするとすれば、次の三つに区分できるとする［神谷二〇〇九］。

①良房・基経・忠平：成立期。摂政・関白は廟堂の首班、天皇の外戚としてその擁立に功績のあった個人に与えられた資格である。
②実頼〜道兼：官職化。摂政経験の有無とは無関係に関白が任命され、摂政・関白が官職として制度化されていく。
③道長・頼通：形骸化。道長は摂政を一年つとめたのみで、むしろ辞めた後の「大殿《おおとの》」としての影響力が大きく、これは摂政・関白の形骸化の端緒である。

藤原道長の時期は摂関政治全盛期ととらえられてきたし、一般的にも道長は摂関政治の代名詞のように認識されている。しかし摂関としての道長の経歴を追ってみると、長徳元年

（九九五）に内覧、長和四年（一〇一五）に三条天皇が眼病により執務困難となったことにより准摂政、同五年に後一条天皇の即位にともなって摂政となるが、翌年に摂政を辞して長男・頼通に譲った。同年太政大臣に就任するが、これも翌寛仁《かんにん》二年に辞し、同三年に出家した。摂政を譲られたときの頼通は二六歳で、道長は摂政辞任後も大殿として大きな政治的影響力を持ち続けたことが知られる。のちに「御堂関白《みどうかんぱく》」と呼ばれる道長は関白になったことはなく、准摂政・摂政の期間を合計しても一年半に満たない。

一方で、内覧であった二〇年のほとんどの間、右大臣あるいは左大臣として一上《いちのかみ》（太政官のトップ）の立場にあった。関白になる資格があるにもかかわらず、あえて内覧に留まったのである。この点について橋本義彦は、道長は内覧かつ一上という立場を保持することで、実質的な関白と太政官政務の両方を把握し、安定的に摂関政治を運営することができたと評価した［橋本義彦一九七六］。

この評価はほぼ通説となっているが、異論がないわけではない。前述のように、神谷正昌は道長の時期を摂関政治の形骸化と位置づけていて、内覧と一上を兼ねるという方法は次世代に受け継がれていないとの疑問を呈している［神谷二〇二二］。一方で、大殿として政務に関与するという方法は、師実《もろざね》（頼通の子）に受け継がれている［海上二〇一八］。また、道長に中世的要素の源流を見いだす研究もある［上島《うえじま》二〇〇一など］。

摂関期の中で、道長の時期は特に史料に恵まれていることにも注意すべきだろう。道長自身の『御堂関白記《みどうかんぱくき》』、藤原行成の『権記《ごんき》』、藤原実資《さねすけ》の『小右記《しょうゆうき》』、源経頼《つねより》の『左経記《さけいき》』という四つの古記録が、それぞれ抜けている部分はありながらも残っていて、ほとんどの時期を複数の古記録から見ることができる。あえて大げさにいえば、道長の時期が政治的に充実しているように見えるのは、偶然詳しく知ることができるから、という側面は否定できない。道長の時期の政治のあり方をどれだけ相対化できるかという点は、今後の摂関政治研究の課題の一つだろう。

日本史の中で摂関期をどう位置づけるか

日本史全体の中で摂関期をどう位置づけるべきかという問題については、「**後期律令国家論**」「**初期権門体制論**」の二つの考え方が提示されている。

前者は大津透によって提唱された。一〇世紀後半の支配構造の変化によって、中央政府は在地首長を媒介とした間接的な支配から脱却し、受領国司を受領功過定で統制・監査することにより直接的・均一的な支配ができるようになった。この再編成された古代国家は律令国家の第二段階といえる、というものである［大津一九九三］。

後者は吉川真司によって提唱された。一〇世紀後期以降、太政官政務は衰退し、唯一大きな意味を持った合議である受領功過定は、国政の場というより個別利害の集約の場というべきで、天皇・院・女院・諸宮、摂関家をはじめとする藤原氏の最上層は、中世的権門への歩みを開始している、というものである［吉川一九九五］。

きわめて大雑把にいえば、摂関期を古代国家の延長あるいは発展ととらえるのが前者、古代国家から変質して中世国家になりかけているととらえるのが後者ということになるが、どちらの論が妥当かという点について結論は出ていない。「多くの研究者が両説を吟味しつつ、どちらにも与《くみ》することなくそのまま二〇年以上が過ぎている、というのが実情」［佐藤全敏二〇二三］である。

「後期律令国家論」と「初期権門体制論」のいずれが妥当かという問題は、「古代」「中世」をどう定義するかという根本的な問題と直結している。言い換えれば、摂関期は日本史全体を見通す上でそれほど重要な時代なのだが、権力構造や時期区分の議論に如実に表れているように、摂関政治は「典型」が不明なまま変化し続け院政へと移行してしまった、とらえどころのない時代なのである。摂関政治あるいは摂関期全体を特徴づけるものは何なのか、それを探らなければ根本的な議論はできない。

かつて摂関期は「藤原時代」と呼ばれることがあった。この呼称は、藤原氏が権力を握っていたという認識から付けられたものだろう。「政所政治」も同様である。両者とも現在では使われない呼称だが、では「摂関政治」「摂関期」という呼称は果たして適切なのだろうか。この時代の権力がどのようなものだったのか、今後の研究の進展によっては、もしかしたら現在の呼称が見直されるときが来るかもしれない。一九八〇年代以降急速に深化した摂関期の研究は、ほかの時代に比べて非常に若い、可能性に満ちた学問領域なのである。

参考文献

上島享「藤原道長と院政」(『日本中世社会の形成と王権』名古屋大学出版会、二〇一〇、初出二〇〇一)
海上貴彦「大殿の政務参加」(『古代文化』七〇―二、二〇一八)
大津透「律令国家の展開過程」(『律令国家支配構造の研究』岩波書店、一九九三)
大津透「摂関期の陣定」(『山梨大学教育学部研究報告』四六、一九九六)
岡村幸子「職御曹司について」(『日本歴史』五八二、一九九六)
神谷正昌「九世紀の儀式と天皇」(『平安宮廷の儀式と天皇』同成社、二〇一六、初出一九九〇)

神谷正昌「平安時代の摂政と儀式」（同右書、初出一九九六）
神谷正昌「摂関政治の諸段階」（『国史学』一九七、二〇〇九）
神谷正昌「摂関政治期の関白と天皇」（『国史学』二三二、二〇一七）
神谷正昌「摂関期の皇統と王権」（仁藤敦史編『古代文学と隣接諸学3　古代王権の史実と虚構』竹林舎、二〇一九）
神谷正昌『皇位継承と藤原氏』（吉川弘文館、二〇二二）
倉本一宏「一条朝の公卿議定」（『摂関政治と王朝貴族』吉川弘文館、二〇〇〇、初出一九八七）
倉本一宏「摂関期の政権構造」（同右書、初出一九九一）
黒板勝美『国史の研究』各説の部（文会堂書店、一九一三）
黒板伸夫「藤原忠平政権に対する一考察」（『摂関時代史論集』吉川弘文館、一九八〇、初出一九六九）
黒須友里江「摂政・関白と太政官政務」（大津透編『摂関期の国家と社会』山川出版社、二〇一六）
今正秀「摂政制成立考」（『史学雑誌』一〇六―一、一九九七）
今正秀「摂政制成立再考」（『国史学』一九七、二〇〇九）
坂上康俊「関白の成立過程」（笹山晴生先生還暦記念会編『日本律令制論集』下、吉川弘文館、一九九三）
坂上康俊「初期の摂政・関白について」（笹山晴生編『日本律令制の展開』吉川弘文館、二〇〇三）
佐藤信「摂関制成立期の王権についての覚書」（山中裕編『摂関時代と古記録』吉川弘文館、一九九一）
佐藤全敏「宮中の「所」と所々別当制」（『平安時代の天皇と官僚制』東京大学出版会、二〇〇八、初出一九九

九七）
佐藤全敏「蔵人所の成立と展開」（『歴史学研究』九三七、二〇一五）
佐藤全敏「歴史学からみた平安時代法制史研究の現在」（『法制史研究』七二、成文堂出版部、二〇二三）
東海林亜矢子「母后の内裏居住と王権」（『平安時代の后と王権』吉川弘文館、二〇一八、初出二〇〇四）
曽我良成「太政官政務の処理手続」（『王朝国家政務の研究』吉川弘文館、二〇一二、初出一九八七）
高松百香「女院の成立」（『総合女性史研究』一五、一九九八）
土田直鎮「摂関政治に関する二、三の疑問」（『奈良平安時代史研究』吉川弘文館、一九九二、初出一九六一）
土田直鎮「平安時代の政務と儀式」（同右書、初出一九七四）
出口誠「一条朝の「聖代」」（『中古文学』一〇八、二〇二一）
西野悠紀子「母后と皇后」（前近代女性史研究会編『家・社会・女性』吉川弘文館、一九九七）
西野悠紀子「九世紀の天皇と母后」（『古代史研究』一六、一九九九）
西本昌弘「承和の変と嵯峨派・淳和派官人」（『平安前期の政変と皇位継承』吉川弘文館、二〇二二）
橋本義則「平安宮草創期の豊楽院」（『平安宮成立史の研究』塙書房、一九九五、初出一九八四）
橋本義則「日本の古代宮都」（『古代宮都の内裏構造』吉川弘文館、二〇一一、初出二〇〇六）
橋本義彦「貴族政権の政治構造」（『平安貴族』平凡社、一九八六、初出一九七六）
春名宏昭「太上天皇制の成立」（『史学雑誌』九九―二、一九九〇）
春名宏昭「皇太妃阿閇皇女について」（『日本歴史』五一四、一九九一）

春名宏昭「草創期の内覧について」（『律令国家官制の研究』吉川弘文館、一九九七）
春名宏昭「摂関政治と政治構造」（『岩波講座日本歴史　第5巻　古代5』岩波書店、二〇一五）
林陸朗「所謂「延喜天暦聖代説」の成立」（『上代政治社会の研究』吉川弘文館、一九六九、初出同年）
伴瀬明美「東三条院藤原詮子」（元木泰雄編『古代の人物6　王朝の変容と武者』清文堂出版、二〇〇五）
伴瀬明美「摂関期の立后儀式」（大津透編『摂関期の国家と社会』山川出版社、二〇一六）
服藤早苗「国母の政治文化」（同編著『平安朝の女性と政治文化』明石書店、二〇一七）
服藤早苗「王権と国母」（『平安王朝社会のジェンダー』校倉書房、二〇〇五、初出一九九八）
服藤早苗「九世紀の天皇と国母」（同右書、初出二〇〇三）
藤木邦彦「延喜天暦の治」（『平安王朝の政治と制度』吉川弘文館、一九九一、初出一九六六）
古瀬奈津子「宮の構造と政務運営法」（『日本古代王権と儀式』吉川弘文館、一九九八、初出一九八四）
古瀬奈津子「平安時代の「儀式」と天皇」（同右書、初出一九八六）
古瀬奈津子「昇殿制の成立」（同右書、初出一九八七）
古瀬奈津子「摂関政治成立の歴史的意義」（『日本史研究』四六三、二〇〇一）
古瀬奈津子『摂関政治』（岩波新書、二〇一一）
山本一也「日本古代の皇后とキサキの序列」（『日本史研究』四七〇、二〇〇一）
山本信吉「平安中期の内覧について」（『摂関政治史論考』吉川弘文館、二〇〇三、初出一九七二）
吉江崇「平安前期の王権と政治」（『岩波講座日本歴史　第4巻　古代4』岩波書店、二〇一五）

吉川真司「摂関政治の転成」(『律令官僚制の研究』塙書房、一九九八、初出一九九五)

[付記] 本稿はＪＳＰＳ科研費(JP19K13330)の成果の一部である。

第三章

【奈良時代の地方支配論】

地方支配と郡司

――なぜ郡司は重要なのか？

磐下徹

一　古代国家の地方支配を考える

地方支配の研究

奈良時代と聞いて、多くの人は何を思い浮かべるだろう。「あおによし……」の和歌で知られた平城京《へいじょうきょう》だろうか。はたまた東大寺に鎮座する巨大な盧舎那仏《るしゃなぶつ》だろうか。あるいは正倉院《しょうそういん》宝庫に伝えられた宝物、日本列島と大陸を行き来した遣唐使《けんとうし》、全国に造営された国《こく》分寺《ぶんじ》を思い浮かべる向きもあるだろう。

これらの事業の遂行や文物の収集には、多くの費用を要する。古代においてそれらは、租《そ》調庸《ちょうよう》をはじめとした税制にもとづき、列島各地から都に集められた富を財源としていた。奈良時代を彩るさまざまな事象は、全国各地から集積された富を前提としており、徴税をはじめとした富の回収のためには、国家による安定した地方支配が必須となる。

では、古代国家はいかにして地方支配を実現していたのか。ここに地方支配研究の必要性が生じるのである。

古代の地方支配はどのように理解されてきたのか。本章では、郡司という地方官人を視点に、この問題について考えてみよう。

古代の地方制度

この後の叙述の前提として、古代の地方制度について説明しておこう（表3－1参照）。

古代には、国《こく》―郡《ぐん》―里《り》（郷《ごう》）という地方行政単位が置かれていた。国は現在の都道府県、郡は市町村といったところである。郡の下に置かれた里（郷）は、徴税・徴兵の単位としての側面が強く、国や郡とは性質が異なっている。そこで以下では、国と郡を中心に叙述を進めたい。

国には守《かみ》―介《すけ》―掾《じょう》―目《さかん》の四等官《しとうかん》からなる国司という地方官が、郡には大領《たいりょう》―少領《しょうりょう》―主政《しゅせい》―主帳《しゅちょう》からなる郡司が置かれ、国や郡の等級で定員に差が設けられていた。国司は国《こく》府《ふ》と呼ばれる施設で、郡司は郡家《ぐうけ》で執務した。このほかに国府や郡家の出先機関も設けられ、駅家《うまや》などの地方行政に関わる公的施設も含めて、地方官衙《かんが》と総称している。

こうした国司や郡司だが、ここで押さえておきたいのは、国司は中央派遣であるのに対し、

表3－1　古代の地方制度

<table>
<tr><td rowspan="7">国</td><td>四等官</td><td>大国</td><td>上国</td><td>中国</td><td>下国</td><td></td><td rowspan="7">任期は4～5年
(大宝令では6年)
中央派遣
国府で執務</td></tr>
<tr><td>長官</td><td>守</td><td>守</td><td>守</td><td>守</td><td></td></tr>
<tr><td>次官</td><td>介</td><td>介</td><td>なし</td><td>なし</td><td></td></tr>
<tr><td>判官</td><td>大掾・
少掾</td><td>掾</td><td>掾</td><td>なし</td><td></td></tr>
<tr><td>主典</td><td>大目・
少目</td><td>目</td><td>目</td><td>目</td><td></td></tr>
<tr><td>四等官外</td><td>史生×3</td><td>史生×3</td><td>史生×3</td><td>史生×3</td><td></td></tr>
<tr><td colspan="6"></td></tr>
<tr><td rowspan="5">郡</td><td>四等官</td><td>大郡</td><td>上郡</td><td>中郡</td><td>下郡</td><td>小郡</td><td rowspan="5">任期なし
(終身の任)
現地採用
郡家で執務</td></tr>
<tr><td>長官</td><td>大領</td><td>大領</td><td>大領</td><td>大領</td><td>領</td></tr>
<tr><td>次官</td><td>少領</td><td>少領</td><td>少領</td><td>少領</td><td></td></tr>
<tr><td>判官</td><td>主政×3</td><td>主政×2</td><td>主政</td><td>なし</td><td>なし</td></tr>
<tr><td>主典</td><td>主帳×3</td><td>主帳×2</td><td>主帳</td><td>主帳</td><td>主帳</td></tr>
<tr><td>里（郷）</td><td colspan="6">里長（郷長）</td><td>里(郷)より
1人選出</td></tr>
</table>

＊大国：大和国以下13国　上国：山城国以下35国　中国：安房国以下11国
　下国：和泉国以下9国
＊大郡：16～20里　上郡：12～15里　中郡：8～11里
　下郡：4～7里　小郡：2～3里
＊里（郷）：50戸1里（郷）　1戸は約20人

郡司が現地採用とされることである。つまり国司は、都の貴族・官人の中から選ばれ、任期中のみ任国に赴任する存在なのである。これに対して郡司は、現地の有力者の中から選ばれることになっていた。そこには、国造《くにのみやつこ》など古墳時代以来の地元の名族ともいうべき地方豪族も含まれ、任期は設けられず終身の任とされた。

統治される側に立てば、国司は高貴な存在かもしれないが、あくまで「よそ者」である。しかし、郡司は地元の「名士」である。国司の部下とはいえ、その多くが長年にわたり当該地域に根を下ろしてきた一族の出身者であることを考えると、郡司の影響力はあなどれない。なお、古代の地方社会で中心的な役割を果たしたのは、郡司の大領・少領である。そこで以下では、特に断らない限り、郡司は大領・少領を指すこととする。

史料の中の郡司

実際に、古代の史料の中には、次のような郡司に関する叙述が確認できる。

・郡内の耕地開発が進み、産業がさかんで、礼節が整い、禁令がよく守られているかどうかは、郡司の能力にかかっている（養老《ようろう》戸《こ》令《りょう》33国守巡行条《こくしゅじゅんこう》）

・郡司を出してきた家柄の者が代々郡司をつとめてきた。だから、郡内の人々は老いも若きも郡司に心を寄せるので、郡内の業務遂行のスムーズさは他人の比ではない（『日本後紀《にほんこうき》』弘仁二年〔八一一〕己卯《きぼう》条）

・郡司は自身で調査を行ない、それにもとづき報告する職で、国司はそれらを確認する官人である（『類聚三代格《るいじゅうさんだいきゃく》』巻七牧宰《ぼくさい》事、弘仁一〇年五月二一日太政官符《だいじょうかんぷ》）

これらによれば、郡司は地方行政に幅広く関与し、郡内の人々を掌握し、国司の業務の前提をなす仕事を担った重要な存在だったことが分かる。このほかにも、郡家などの地方官衙遺跡からの出土物や、土地の売買に関わる古文書、都に貢進された税物の荷札木簡《もっかん》などを見ても、郡司なしでは地方統治・地方行政が成立・機能しえなかったことがよく分かる。

ここまで紹介してきたように、郡司は古代の地方支配に関わる多様な職務に関与している。こうしたことから、従来も郡司を分析視角とした古代国家の地方支配研究が深められてきた。その中で郡司は、どのような歴史的位置づけを与えられてきたのだろうか。また、その理解はどのように成立し変遷してきたのだろうか。この点を概観し、奈良時代を中心に古代の地方支配論の現在を紹介したい。

二　郡司の重要性

郡司の研究

日本古代史の研究の中で、郡司は主要なテーマとされてきた。その証拠に、これまでに郡司を主題とした研究書が数多く刊行されている（表3－2参照）。

その中の一冊である米田雄介《よねだゆうすけ》『郡司の研究』（一九七六年）の冒頭の一節を紹介したい〔米田一九七六〕。そこでは「日本の古代国家にとって郡司とは何であったか、社会の中で郡司はいかなる役割をもっていたのか、国家史・社会史の中における郡司の意味とは何か、を考えること」が「日本の古代国家の特質や社会の構造を解明する」ことにつながると述べられる（「はじめに」）。

この主張にもとづけば、古代の国家や社会を考える上で、郡司はきわめて重要な存在だということになる。郡司が現地採用の地方官人であることを想起すれば、その重要性は地方支

表3－2　郡司をテーマとした主な研究書

著者	書名	刊行年	出版社
新野直吉	『日本古代地方制度の研究』	1974年	吉川弘文館
米田雄介	『郡司の研究』	1976年	法政大学出版局
磯貝正義	『郡司及び采女制度の研究』	1978年	吉川弘文館
大町　健	『日本古代の国家と在地首長制』	1986年	校倉書房
森　公章	『古代郡司制度の研究』	2000年	吉川弘文館
須原祥二	『古代地方制度形成過程の研究』	2011年	吉川弘文館
磐下　徹	『日本古代の郡司と天皇』	2016年	吉川弘文館
山口英男	『日本古代の地域社会と行政機構』	2019年	吉川弘文館

配の局面においてこそ最もよく表れるはずだろう。こうした郡司に対する認識は、どのように形成されたのだろうか。

坂本太郎と石母田正

郡司の重要性が認識されるきっかけとなったのは、郡司の特殊性を鋭く指摘した坂本《さかもと》太《た》郎《ろう》の研究である。彼は一九二九年に発表した論文の中で、律令《りつりょう》条文の郡司に関する規定を、日本が手本とした唐《とう》の律令《りつれい》の対応条文と比較しながら分析した［坂本一九二九］。

その結果、郡司は上司である国司よりも広い面積の職分田《しきぶんでん》（給与の一種として与えられる田地）を支給されたことや、反対に郡司は自分より位階が低い国司に対しても原則として下馬《げば》の礼を取らなければならないなど、一般的な律令官人とは異なる性質を備えていることが明らかとなった。国司は唐の州官人に、郡司は県官人に対応するが、州官人や県官人に関する唐の律令条文では、こうした現象は確認できない。

坂本はこれを「郡司の非律令的性質」と表現し、それは郡司の持つ「守旧性」に由来すると考えた。郡司は大陸の先進的な統治技術である律令の規定になじみづらいため、日本令では変則的な位置づけを与えざるをえなかった、言い換えれば、それだけ郡司には日本社会在来の古い要素が残されていると考えたのである。

一般に、律令のような進んだ文明を最初に享受し影響を受けるのは、都の天皇や貴族たちで、地方社会やその末端に暮らす民衆たちは取り残されがちとなる。「守旧性」に由来する郡司の「非律令的性質」は、こうした民衆生活となじみやすく、そこに地方統治における郡司の重要性が見いだされたのである。坂本は、律令という法制史料の分析から、古代の地方支配における郡司の重要性を浮かび上がらせた。約九〇年前に発表されたこの研究は、今でも郡司研究の基点としての地位を失っていない。

こうした坂本の指摘を契機に、地方支配における郡司の重要性は徐々に認識されるようになる。その中で、郡司の存在感をひときわ高らしめたのが石母田《いしもだ》正《しょう》である。戦後のマルクス主義歴史学の旗手として名高い石母田だが、その代表作の一つである『日本の古代国家』（一九七一年）で展開された在地首長制論《ざいちしゅちょうせいろん》は、古代の国家や社会における郡司の位置づけを明確化した研究といえる［石母田一九七一］。

石母田は日本の古代をアジア的共同体の社会ととらえる。この社会では、共同体を構成する個々の人民の自立性はきわめて低く、彼らは共同体の首長層の人格的支配＝隷属関係のもとに置かれていた。こうした総体的奴隷制《そうたいてきどれいせい》の範疇《はんちゅう》に含まれる首長層と人民との関係を、石母田は古代社会における一次的生産関係と規定し、これを在地首長制と称した。この一次的生産関係を前提とすることで、初めて二次的生産関係としての国家（天皇）と人民の関係が成立するのである。

二つの生産関係のうち、前者が後者を圧倒していることは明らかで、石母田は、列島各地に存在する在地首長たる首長層を掌握するとともに、彼らの伝統的支配力に依存することによって、古代国家の地方支配は成立したと考えた。そして、古代社会の基層を支え、国家による地方支配を可能ならしめる在地首長とは、律令制下における郡司がこれに該当すると論じたのである。したがって、律令制下の郡とは、郡司＝在地首長に体現される地方社会での現実の支配関係をそのまま制度化したものということになる。

石母田の在地首長制論は、古代史研究に多大なインパクトを与えた。郡司＝在地首長との認識が定着することで、古代国家の地方支配における郡司の重要性はますます強調されることになる。**表3−2**に挙げたような郡司をテーマとした研究書も、程度の差こそあれ、在地首長制論の影響下に成立しているといっても過言ではない。

実証と理論

以上で紹介した坂本と石母田の研究こそが、古代の国家・社会や地方支配における郡司の重要性を示した最も基礎的な研究である。だが、この両者の性質は大きく異なっている。

坂本の研究は、律令をはじめとした史料にもとづく実証性の高いものである。しかし、郡司の特殊性はその「守旧性」に由来するとの指摘にとどまり、それが国家や社会とどのように関わるのかまでは深く踏み込むものではなかった。

一方の石母田の研究は、緻密《ちみつ》な史料読解を基礎としつつ、唯物史観に立脚し、アジア的共同体などの概念を用いた理論的側面が強く、在地首長の存在もいまだ実証されていない。しかし、古代の国家や社会での位置づけが明確化されたことで、郡司の歴史的意義は飛躍的に高められることになった。

このように郡司の重要性は、いわば実証と理論という異質な研究の相互依存により支えられてきたのである。ただ、ここで注意を要するのが、この両者が異質であると同時に、高い親和性を有していたことである。

石母田が『日本の古代国家』を上梓《じょうし》したのと同じ年、井上光貞《いのうえみつさだ》の講座論文「律令国家群の形成」が発表された［井上一九七一］。井上はそこで、日本の律令国家は「律令制」と「氏族制」により成り立つとする二元的国家論《にげんてきこっかろん》を提示する。

すなわち、「律令制」とは中国から継受した律令法にもとづく国制や社会構造を指し、「氏族制」は「大化前代《たいかぜんだい》」以来の固有法的な国制・社会構造のことである。井上は、日本は「律令制」を導入したものの、それは現実の国家・社会の一部に過ぎず、「氏族制」的な要素が色濃く残されたと考えた。そして、坂本の指摘した郡司の特殊性を念頭に、郡司が「氏族制」を代表するとしたのである。

南部昇《なんぶのぼる》によれば、一九七一年三月頃、井上は「国司なんて郡司の大海に浮かぶ小舟のようなものだ」と語り、地方支配における郡司の重要性を示唆するとともに、直前に出版された石母田の『日本の古代国家』を高く評価していたという［南部二〇一八］。井上の中で、自身の二元的国家論を前提に、坂本が実証した郡司の特質と、石母田の構想した在地首長制論が矛盾なく理解されていたことをうかがわせる。このことは、この後に吉田孝《よしだたかし》により提唱された律令国家の二重構造論《にじゅうこうぞうろん》にもよく表れている。

吉田は、井上の二元的国家論と石母田の構想した二つの生産関係を念頭に、「律令制」を二次的生産関係に、「氏族制」を一次的生産関係に対応させて理解する。前者は「中国の古代文明に倣《なら》った支配機構」で太政官―国司の体制に集約され、後者は現実の社会基盤をなす「未開な原生的共同体」であり、郡司がこれを代表すると論じた。そして、日本の律令国家は、郡司の代表する氏族制＝未開な現実社会の上に、律令制＝先取りされた文明が覆《おお》いかぶさる二重構造だったとの見通しを示したのである［吉田一九八三・一九八八］。

以上をごく単純化すれば、二元的国家論＋在地首長制論＝二重構造論となる。井上の二元的国家論を媒介に、坂本の実証的な郡司研究と、理論的な石母田の在地首長制論は融合し、その中で郡司の重要性も繰り返し強調されていったのである。

その一方で、実証研究と理論研究の関係は曖昧なまま棚上げされた感が否めない。こうした状況のもと、研究の深化とともに郡司や地方支配についての理解も徐々に変化していく。

三　在地首長制論を乗り越えて

在地首長制論の限界

石母田の死後に刊行された著作集のうち、『日本の古代国家』が収録された第三巻に付された早川庄八《はやかわしょうはち》の「解説」には次のような一節がある〔早川一九八九〕。

著者の在地首長制は律令制下の郡司をモデルとして構想された、そしてまた論理的要請によって設定された、いわば作業仮説でありイデアルティプスであった

在地首長制論は、マルクスが提示したアジア的生産様式論やアジア的共同体論に依拠して立論されたものだが、早川の解説はその限界を指摘したものといえる。その背景には、これら歴史理論の見直しが進んだことが挙げられる。

たとえば、アジア的共同体とは、そもそも一九世紀のヨーロッパ社会に共有されていた、アジアは未開で停滞的だという偏見的イメージのもと、インドをモデルに構想されたものだった。しかし、アジア諸地域の実態研究が進むと、このような理解が一面的で必ずしも適切ではないことが明らかにされていく［小谷一九七九］。在地首長制論は、それを支える理論のレベルでの再検討が不可欠となってきたのである。

郡司層の「発見」

さらに郡司の実証研究の進展も、在地首長制論の限界を炙《あぶ》り出していく。

須原祥二《すはらしょうじ》は一九九六年に発表した論文「八世紀の郡司制度と在地」で、幅広く史料を博《はく》捜《そう》し、制度の上では終身とされた郡司の実際の在任期間を検討した［須原一九九六］。その結果、郡司は同一職に長くとも一〇年程度しか在任しないことが判明し、彼らが頻繁に交替していたことを明らかにする。

それまでは、郡司は在地首長であるため、その輩出母体となる勢力（氏族）は郡内に一つか二つ程度しかなく、その突出した権威と権力が郡内を支配していたと考えられてきた。したがって、郡司の交替は頻繁に起こるものではなく、だからこそ制度の上では郡司は終身の任とされたのだと理解されていたのである。

ところが、須原により郡司の頻繁な交替が実証された。これは制度と実態の乖離《かいり》を意味すると同時に、郡司輩出勢力が一郡内に複数存在し、彼らが遍《あまね》く郡司に就任できるよう、郡司職が持ち回り的に継承されていたことを示している。郡は特定少数の在地首長的勢力ではなく、拮抗する複数の勢力からなる郡司層《ぐんじそう》によって運営され、彼らの妥協と合意にもとづき、郡司職の交替が実現していたのである［山口二〇〇四］。郡司層の存在を「発見」し、彼らの合意を前提に郡司が選出されるという須原の見通しは、在地首長制にもとづく郡司や地方支配のイメージの再検討を強く促すものとなった。

今津勝紀《いまづかつのり》も須原らの研究を受け、国造や郡司を在地首長として理解することに疑問を呈す［今津二〇〇三・二〇一二］。在地首長制では、在地首長たる郡司の支配力は所与の条件であり、それがそのまま郡・郡司制として制度化されたとする。しかし今津は、神話と系譜を紐帯《ちゅうたい》とする首長制的支配には対面的関係が不可欠で、郡レベルの規模は大きすぎること、また、古墳時代以降、ヤマト政権など上位権力と結びついた首長ら地域支配層は、共同体から分離した存在になっていたことを強調する。

つまり、須原が見いだした郡司層のように、郡内の秩序は地縁的・並列的な首長間結合と理解すべきで、郡司の政治的地位や権限は、あくまで国家権力と結びつくことで付与されたものなのである。この意味において在地首長制論は、「社会組織の原理と公共性の原理を統一的に説明するために編み出された曖昧な概念」といえ、「在地首長の姿を実証レベルで検証しようとして成功していないのは、こうした曖昧な概念により描かれた対象を追い求めていたことによる」と結論したのである。

このような現在の研究状況に鑑みれば、在地首長制論のみにもとづいて、郡司や古代の地方支配を論じることは難しい。この偉大な学説を、現代社会に対する眼差しとともに批判的に継承しつつ、新たな古代の地方支配論を展開させることが求められているのである。

制度と実態

これまでの郡司の研究は、律令格式《りつりようきやくしき》など法制史料の分析にもとづく制度史的考察がメインだった。しかし、須原が指摘したように、少なくとも郡司の任期については、制度と実態は乖離していた。制度と実態は必ずしも一致するとは限らず、むしろ齟齬《そご》するのが世の習いである。また、制度史的考察を深めるにしても、複数の郡司輩出勢力から構成される郡司層の存在をはじめ、彼らの実態面に留意する必要がある。

その意味では、地方官衙遺跡の発掘調査の進展は数多くの知見をもたらした。官衙遺構の様相に加え、そこから出土した木簡や墨書土器《ぼくしょどき》といった文字資料の研究が深まることで、郡司層の活動や地方行政の実態が明らかとなり、文献史料だけでは知りえなかった地方支配の具体相を把握できるようになった［山中一九九四］［森二〇〇九］［鐘江二〇一四］。

また、地方社会と仏教の関係も重要な視点である。たとえば、空海《くうかい》が讃岐国多度郡《さぬきのくにたどぐん》の郡司氏族出身であるように、中央寺院の僧侶には郡司層出身者が多く含まれ、彼らが政治・経済・文化にまたがる都鄙《とひ》間交通や地方支配に一定の役割を果たしていたことが指摘されている［鈴木一九九四］［川尻二〇〇五］［藤本二〇一六］。また、行基《ぎょうき》のように郡司層を巻き込んだ社会活動を展開した僧侶の存在も看過できない［溝口二〇一五］［磐下二〇二一a］。

さらに、郡家に隣接する寺院（郡寺《ぐんでら》、郡衙周辺寺院《ぐんがしゅうへんじいん》）や、郡司層が中心となった造仏や写経事業などの仏教的活動にも注目したい。造寺・造仏・写経といった仏教的作善行為を目的とした集団を知識《ちしき》と呼ぶが、郡司層を中心に形成された知識は、単なる信仰や氏族結合を越え、郡司の交替をはじめとした郡内の政治秩序の安定に機能するなど、地方支配にも大きな役割を果たしていたことが指摘されている［藤本二〇二二］。

このように、郡司層の実態面の解明に通じる諸研究が蓄積されてきている。法制史料を中心とした制度史的研究も、日唐律令比較研究の深化などをもとに、より緻密な議論が可能となっている。こうした研究成果に立脚し、郡司層に関わる制度とその実態の相関を丁寧に分析することで、新たな地方支配論の展開が可能となるのではないだろうか。

そこで、具体例を挙げながら、その可能性の一端を示してみたい。

四　郡司層に迫る

金井沢碑の知識

先ほど説明した知識を素材に、郡司層の実態を考えてみたい。そこで取り上げるのが、群馬県高崎市山名《やまな》町《まち》金井沢《かないざわ》（古代の上野国《こうづけのくに》多胡郡《たごぐん》〈旧片岡郡《かたおかぐん》〉山部郷《やまべごう》）に所在する金井沢碑《かないざわひ》である。神亀《じんき》三年（七二六）頃に立てられたこの石碑は、多胡碑《たごひ》、山上碑《やまのうえひ》とともに上野三碑《こうづけさんぴ》の一つとして知られ、ユネスコの「世界の記憶」にも登録されている。その碑文を意訳すると次のようになる。

上野国群馬《ぐんま》郡下賛郷《ぐんしもさぬごう》高田里《たかだり》の三家《みやけ》子□が、先祖代々の父母と現在ある父母のために、家《いえ》刀自《とじ》（妻）の他田君目頬刀自《おさだのきみめづらとじ》と、娘の加那刀自《かなとじ》、孫（加那刀自の子）の物部君午足《もののべのきみうまたり》・馸《ひづめ》刀自《とじ》・乙馸刀自《おとひづめとじ》の合わせて六人と、別に知識を結んでいた三家毛人《みやけのえみし》と知万呂《ともまろ》、さらに鍛師《かぬち》の礒部君身麻呂《いそべのきみみまろ》の合わせて三人で、こうして知識を結び、天地に誓願してお仕えすることを誓う石文である。

神亀三年二月二九日

碑文の内容は、先祖代々の供養を目的に、仏教信仰にもとづく既存の二つの知識（実線部と波線部）が合体したことを記念するものである（図3－1参照）。この二つの知識に注目したい［勝浦一九九九］。

まず、実線部の第一の知識を見てみよう。これは碑文冒頭にあるように、上野国群馬郡下賛郷の人々の知識である。三家子□（□は碑面の風化で判読不能の文字）と他田目頬刀自の夫婦に、娘の加那刀自と孫の物部午足・馸刀自・乙馸刀自を加えた六名で構成される。古代は夫婦別姓で、子は父の氏姓を名乗るので、加那刀自は三家加那刀自、その子が物部氏を名乗

図３－１　金井沢碑の知識

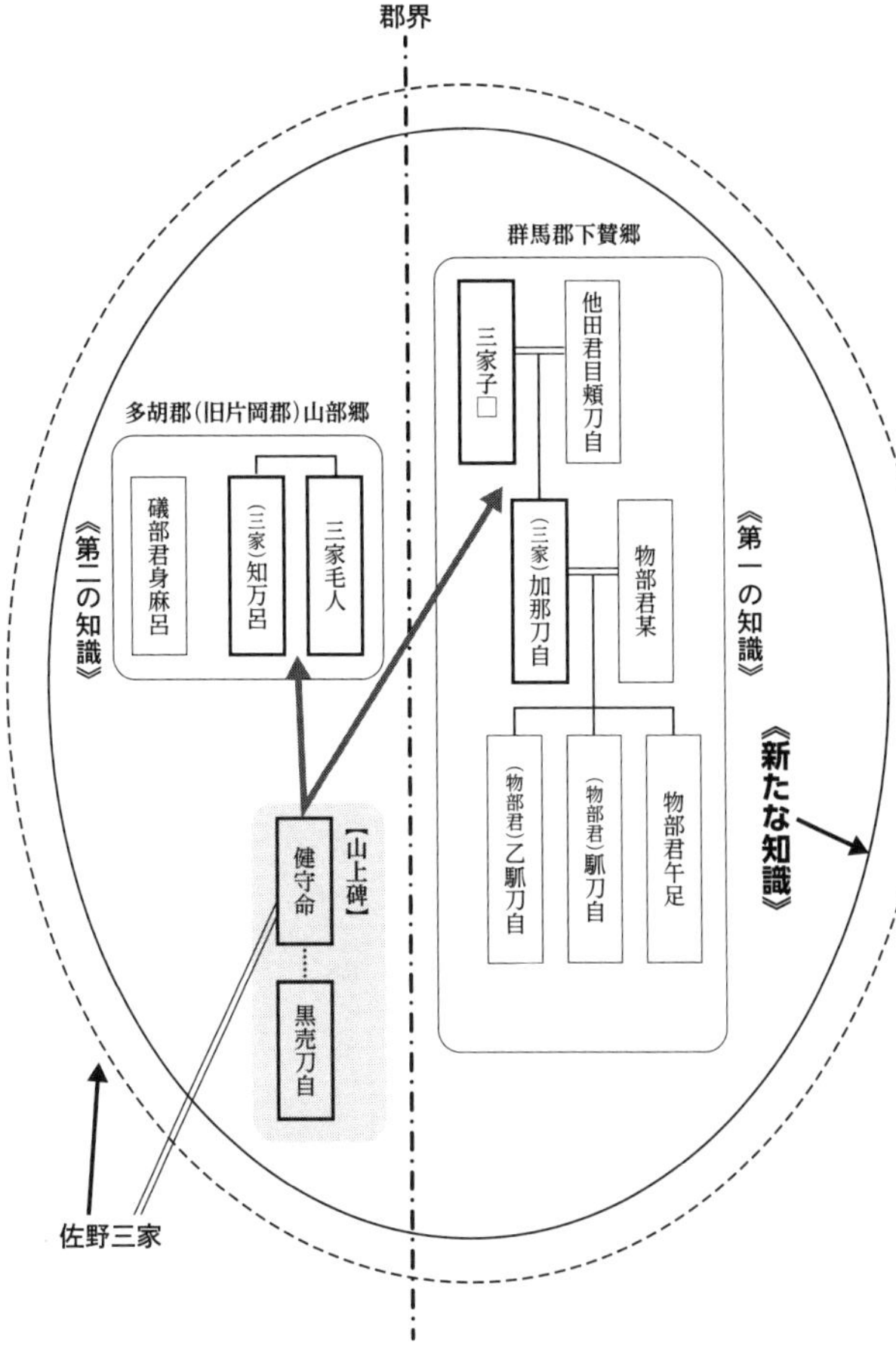

金井沢碑の知識

図3－2　金井沢碑

金井沢碑（写真提供：高崎市教育委員会）

るのは、彼女の婚姻相手が物部氏だったことを示している。「～刀自」は女性名なので、𩑺刀自と乙𩑺刀自は姉妹である。したがってこの知識は、群馬郡の三家氏・他田氏・物部氏の三氏族六名で構成されていることになる。

　波線部の第二の知識は、三家毛人とその弟と思しき知万呂に礒部身麻呂を加えた三名二氏族の構成をとる。ここで注意したいのは、彼らがどこの人々かという点である。碑文冒頭の「群馬郡」の表記が第二の知識にまでかかるとすると、この碑は群馬郡の知識にもかかわらず、隣郡の多胡郡に所在していることになる。立碑以来、この石碑は大きく移動していないと考えられるので、これは不自然である。しかし、第一の知識が群馬郡の人々であることは動かない。となれば、第二の知識が碑の所在する多胡郡の人々なのだろう。彼らが多胡郡の知識であることは自明で、あえて碑文に記す必要はなかったのである［前澤二〇〇八］。

このように金井沢碑には、群馬郡と多胡郡という郡域を越えて結ばれた知識が表れている。その背景を考えるヒントが、上野三碑にも含まれる山上碑である。

郡を越えた知識

山上碑は六八一年頃の石碑で、金井沢碑とは直線距離で一・二キロメートルほどしか離れていない。この碑は、「佐野三家《さののみやけ》」を設置した「健守命《たけもりのみこと》」と、その末裔《まつえい》である「黒売刀自《くろめとじ》」を顕彰する内容の碑文を持つ。「佐野三家」の「三家」はミヤケ（屯倉）のことで、服属した地方豪族の支配領域に設けられたヤマト政権の支配拠点である。一般に六世紀頃に全国的に設置・整備されたと考えられている。

山上碑により、「佐野」（サノ・サヌ）と呼ばれる領域をともなうミヤケが存在したことが分かるが、上野国内の「サノ」「サヌ」という地名を調べると、それらは群馬郡、片岡郡（多胡郡）に確認でき、緑野郡《みどののぐん》に広がっていた可能性もある。金井沢碑の第一の知識の群馬郡「下賛」郷は、「シモサヌ」と読めるため、ここはかつての「佐野三家」に含まれたと考えられる。また、第二の知識は碑の所在する多胡郡の人々だが、碑の近辺には「佐野」の地名が現在も残る（高崎市上佐野、下佐野）。碑の所在する多胡郡山部郷は、和銅四年（七一一）

図３－３　山上碑

山上碑（写真提供：高崎市教育委員会）

に多胡郡に編入されるまでは片岡郡に属していたが、ここもかつての「佐野三家」の域内だったのである。

　このように考えると、金井沢碑の知識とは、山上碑に見える「佐野三家」をルーツとし、三家氏を中心に他田氏、物部氏、礒部氏らが加わって構成されたものとなる。一般に、ヤマト政権時代にミヤケの管理を担った勢力は「三家氏」を名乗るようになり、七世紀半ばの大化改新を契機に、のちの郡司に登用されるようになる。また、上野国内では、他田氏、物部氏、礒部氏の郡司やそれに準じる地位の人物が確認でき、金井沢碑の知識を構成する氏族は、総じて郡司輩出勢力、すなわち郡司層と見なすことができるのである。

　以上を踏まえると、この知識が律令制下の郡域を越えている理由は、郡より古いヤマト政権時代の「佐野三家」にもとづくからだと考えられる。ミヤケは大化改新で廃止され、新たに「評《ひょう》」という地方行政単位が全国的に設定される。評は七〇一年の大宝律令の制定を機に「郡」に改められるが、その郡制下の石碑である金井沢碑の知識には、いまだに「佐野三家」にもとづく郡司層の結束が表れているのである［磐下二〇一八］。このことは、郡が在地首長たる郡司の支配関係をそのまま制度化したものではないことをよく示している。

郡という領域は、いわば上から押しつけた制度であり、必ずしも地域社会の現実に合わせたものではなかったのである。金井沢碑の知識には、古代国家が地方支配のために設定した制度と、地域社会の実態との間の齟齬が表出している［磐下二〇二一b］。

では、郡・郡司制度は、実態とはまったく乖離したまま展開したのだろうか。次にこの点を考えてみよう。

郡司層と官職・地位

郡司は、郡を単位にその地域の有力者たち、すなわち郡司層から選ばれる官人である。そして郡司以外にも、郡司層に属する者たちがつく官職や公的地位がある。たとえば国造や兵衛《ひょうえ》である。郡司層とこれらの官職・地位との関係を考えてみよう［磐下二〇一六・二〇二二b］。

国造は、六世紀頃にヤマト政権に服属した地方豪族に与えられた地位として知られるが、八世紀以降も地方有力者に与えられる地位として残存する。しかも、郡司の選任について定めた養老選叙令《せんじょりょう》13郡司条によれば、郡司の大領・少領を選ぶ際、甲乙つけがたい複数の候補者がいる場合、そこに国造の地位にある者が含まれていれば、その人物を優先的に任用するように定めている。そこから郡司が選ばれうることから、国造が郡司層より出ていたことは明らかだろう。こうした国造と郡司の関係が、令規定に組み込まれていることに注意したい。なお、郡司が国造を兼ねる、あるいは郡司から国造に転任した実例も知られている。

また、養老軍防令《ぐんぼうりょう》38兵衛《ひょうえ》条では、郡司子弟《してい》を都で天皇の身辺を警護する兵衛の任に充てることを定めている。そして、同令37兵衛考満《こうまん》条は、郡司に任用された兵衛の解任規定であり、郡司子弟が兵衛として出仕し、のちに郡司として出身地に戻ることが想定されている［今泉一九七二］。兵衛と郡司の関係も令に規定されていることに留意したい。

以上より、次のような郡司層のキャリアパスを想定できる。郡司子弟として兵衛をつとめた者が、郡司に任用されて出身郡に戻る。その後、郡司を退任して国造となり、再び国造であることを理由に郡司に任用される、というものである。もちろん、これは机上の空論だが、令規定や実例を勘案すると、こうしたケースは制度上想定可能なのである。郡司を核とし、国造や兵衛といった郡司層がつきうる地位が、律令という制度的な裏づけをともなって有機的に結びついていることが分かる。

国造や兵衛以外にも、地方の有力神社の神主を郡司が兼任したり、郡司一族から軍毅《ぐんき》（大《たい》毅《き》・少毅《しょうき》）という各地方に置かれた軍事組織である軍団の指揮官が選ばれていたことも知られている［石尾一九五九］［橋本一九七三］。

さらに郡司層出身者は、都に出仕して下級官人としても活動していた。著名な例として、下総国海上郡《しもうさのくにうなかみぐん》出身の他田日奉部神護《おさだひまつりべのかみもり》の事例が挙げられる。神護は若くして都に出仕し、有力貴族らに三〇年ほど仕えたのち、祖父・父・兄が代々郡司をつとめてきた海上郡の大領への就任を求めている。こうした郡司層出身者の中央出仕者には、神護が郡司一族であったように、郡司の介在が想定されるだろう。

このように、郡司を媒介に、郡司層に属する人々が、中央・地方を問わず何らかの官職や公的地位を得ていたのである。さらに、郡司も含め、こうした立場から退《しりぞ》いた者も、外散《げさん》位《に》として把握され、郡司の統制下に置かれていたことが指摘されている［森一九九二］。

図3－4　郡司層のイメージ

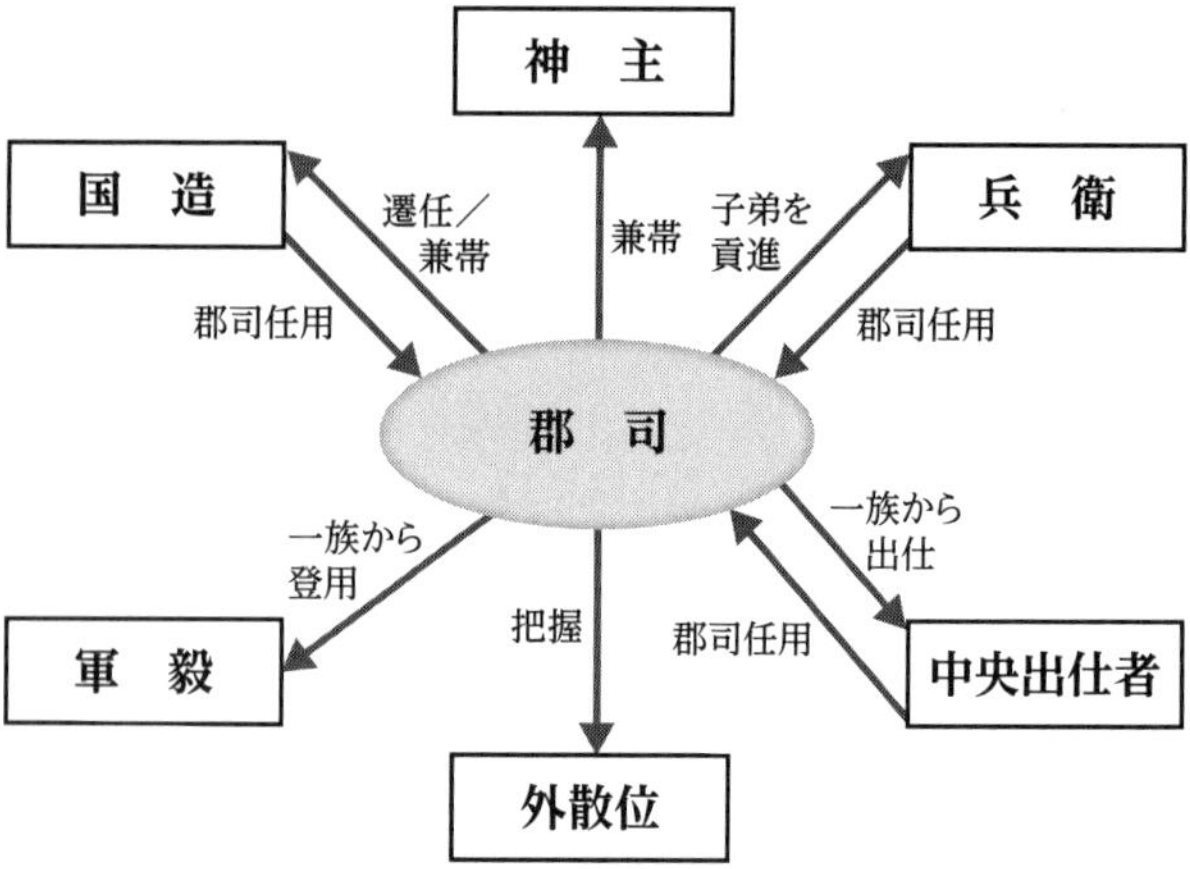

制度と実態を補正するもの

　複数勢力で構成される郡司層の存在を念頭に、彼らがつきうる官職や公的地位の在り様を考えると、郡司が中心となってそれらの分配や交替を調整していた状況を想定できる。ここで重要なことは、国造や兵衛など一部の地位については、令規定により、郡司を中心とした関係性が制度の中に組み込まれていることである。つまり古代国家は、現実の郡司層の存在を念頭に、郡司をはじめとした官職や地位を用意したのだと考えられ、それによって彼らを制度の中に取り込もうとしていたのである（図3－4参照）。

　国家が用意したこれらの官職・地位は、郡司層にとっても受け入れるメリットがあった。

郡司職につけば、こうした地位を調整する立場として郡司層全体に大きな影響力を及ぼすことができる。一方で国造や兵衛の地位、あるいは中央出仕の機会は、その郡司職への足掛かりとなる。国家の用意した官職・地位の体系を受け入れ、しかるべく交替・分配を進めていけば、郡司層における相互の勢力の均衡・調整を図ることができただろう。

また、国造は国ごとに一人置かれるのが原則で、軍毅は一国内に複数設けられた軍団ごとに置かれた地位である。つまり、これらの地位は、郡という単位に必ずしも規制されないのである。先ほど紹介した金井沢碑の知識のように、郡制施行後も、それ以前にさかのぼる、郡域を越えた郡司層のつながりは維持されていた。そうした場合に、郡域に縛られない地位の存在は、郡司層の勢力調整に有効に機能したことだろう。

以上のように、郡司層の人々がつきうる官職や公的地位は、郡司を結集核に郡司層を結びつけ、地方社会の実態と地方支配制度との間の齟齬を補正する役割を果たしていたといえる。こうした仕組みにより、古代国家の地方支配は実現していたのである［磐下二〇二一b］。

八世紀の地方支配論

以上、郡司層を念頭に、彼らの実態と制度との相関を具体的に考えてみた。この両者は必ずしも一致するものではない。在地首長制論が想定したように、郡司の支配関係がそのまま制度化されたわけでもなく、古代国家の設定した地方支配制度がそのまま現実の地方社会で実現していたわけでもないのである。

郡司層を念頭に、彼らに関わる制度とその実態を丁寧に見ていくと、この両者が乖離しつつも何らかの折り合いをつけて現実の社会を成り立たせていた様子がうかがえ、それを前提に古代国家の地方支配は実現していたのである。制度と実態の相関が、どのように形成され変遷していくのか。こうした問題を、既知の文献史料に加え、考古学的な発掘調査成果や出土文字資料、地方仏教の研究などを駆使しつつ追究していくことが、新たな古代国家の地方支配論への第一歩となるのではないだろうか。

五　平安時代にむけて

九世紀の変化

ここまで八世紀の郡司層を念頭に古代国家の地方支配論について述べてきた。最後に、平安時代の始まりにあたる九世紀の郡司と地方支配に関わる研究を紹介しておきたい。

九世紀に入ると地方社会の様相が変化する。八世紀には郡司層の多くが郡司職を競望し、争いすら起こる状況だったのが、九世紀に入ると反対に郡司職の忌避《きひ》現象が広がる。これは、都の周辺である畿内《きない》（山城《やましろ》・大和《やまと》・摂津《せっつ》・河内《かわち》・和泉《いずみ》国）から始まり、九世紀後半には全国化する。その背景には、郡司が負うべき徴税をはじめとした地方行政上の責任が増大したことなどを想定できる〔平野一九五七〕〔坂上一九八五〕。

九世紀になると、従来の徴税システムが徐々に機能不全に陥る。そうした中で、郡司は自身の責任で納入すべき税物に不足があると、自らの私財で補填《ほてん》することが求められるなど、徴税請負人《ちょうぜいうけおいにん》的性格を強めていく。このように郡司職は、郡司層にとって過重な負担と責任をともなう忌避すべき対象へと変化したのである。

そして、九世紀後半～一〇世紀には、律令に規定された大領や少領ではなく、「郡老《ぐんろう》」「検《けん》校《ぎょう》」「国司代《こくしだい》」などを称する「郡司」（非令制職名郡司）が登場するなど［山口一九九一］［森一九九八・一九九九］、この時期には地方社会や地方支配のあり方に大きな変化が見られるのである。

以上のような九世紀における地方社会の変化は、従来どのように理解されてきたのだろうか。これに関連して、富豪層論《ふごうそうろん》と院宮王臣家論《いんぐうおうしんけろん》を紹介してみたい。

富豪層論

富豪層論とは、在地領主制《ざいちりょうしゅせい》にもとづく中世的な地方社会の形成を追究する中で、戸田芳実《とだよしみ》により唱えられた学説である［戸田一九五九・一九六〇・一九六八］。

九世紀頃になると、地方社会に「富豪層」として把握される勢力が台頭する。富豪層を構成するのは、任期後も都に帰らず任国に居ついた前司《ぜんじ》（前国司）や都から地方に下ってきた王臣家《おうしんけ》子弟（皇族や貴族の子弟）を指す「富豪浪人《ろうにん》」と、地方で私富を蓄えた「富豪」の者たちである。

「富豪」と表現されるように、彼らは豊かな経済力を有していた。その私富は、現地における大規模な営田《えいでん》（農業経営）と、経済力の弱い人々の税（課役《かやく》）を代納し、それを利子とともに回収する私出挙《しすいこ》により形成され、動産（稲）として蓄積されていた。こうした営田と私出挙を両輪として私富の蓄積に邁進する富豪層は、八世紀の農民層から分出した新たな階層を含み、彼らの中から在地領主や田堵《たと》・名主《みょうしゅ》が生み出されるとされる。

また彼らは、地方に進出する院宮王臣家《いんぐうおうしんけ》（皇族や有力貴族たち）と私的に結合して反律令的な大土地所有を展開し、国郡司との闘争を繰り返すようになる。戸田は、富豪層の台頭が「律令国家」から「王朝国家」への転換を促したと論じた。

このような富豪層論を前提に、九世紀に入ると八世紀的な郡司たちは没落し、代わって富豪層が中世の在地領主制の担い手に成長すると理解されるようになる。そして、富豪層は八世紀の農民層から分出した新たな階層ととらえられるため、九世紀の地方社会の変化の背景には階層分解があったことになる。つまり、地方社会における支配層は、郡司層から新たに台頭した富豪層に交替したことになるのである。

戸田の富豪層論には批判も寄せられている。たとえば、前司や王臣家子弟など、都に出自を持つ「富豪浪人」を富豪層の中心に位置づけるのは不適切で、彼らと地方社会に出自を持つ「富豪」とは峻別すべきとの指摘が早くからなされている［門脇一九六四］［原一九六二］。また、本当に富豪層は階層分解により出現した存在なのか、富豪層には旧来の郡司層も含まれているのではないかという疑問や［森二〇〇〇］、富豪層は天皇や大寺院、中央諸司、国司なども複雑な関係を取り結んでおり、院宮王臣家との結託だけで理解すべきではないとも指摘されている［吉川二〇〇二］。このように富豪層論には課題が残されている一方、広く受容・継承され、現在では多様な「富豪層」理解が生じる状況にある［大町二〇〇六］。

九世紀の変化を、地方社会の内部変化から説明しようと試みた富豪層論の視角は重要である。ただし、階層分解の想定など、唯物史観《ゆいぶつしかん》的な発展段階論を念頭に置いた理論的要請としての側面も否めない。富豪層の出現を、郡司層など八世紀以来の地方社会との連続性も視野に入れながら、史料に即して再検証する必要があるだろう。

院宮王臣家論

九世紀の変化を論じる別の視角として、院宮王臣家論がある。九世紀に入ると、院宮王臣家と称される皇族・貴族や中央諸司、中央寺院が、都から地方への進出を活発化させる。

市大樹《いちひろき》は、こうした現象は八世紀末の畿内から始まり、九世紀後半には全国化していくとする。そして、その要因を旧来の律令制的財政システム・俸禄制の崩壊に求めた［市一九九九］。

すなわち、八世紀には列島各地から税物が都に集められ、それらの富は中央官司を経由して院宮王臣家たる皇族・貴族や中央諸司の中下級官人の給与などとして再分配されていた。しかし、これが機能不全に陥ると、彼らは権益確保のための独自の行動を余儀なくされる。その結果、院宮王臣家や中央諸司は自ら地方進出し、権益確保をはかったと論じたのである。これにより、院宮王臣家らは、必ずしも国司―郡司制にとらわれることなく、地方の富豪層と結託し、彼らを通して地方社会に蓄積された富を都へと吸収していったのである。こうした事態が、八世紀以来の地方支配のあり方を大きく変えていくことになる。

さらに吉川真司《よしかわしんじ》は、こうした状況を前提に、院宮王臣家や中央諸司が軸となり、従来の律令制的官人制が再編されたと考えた［吉川二〇〇二］。自律性を高めた院宮王臣家らは社会集団として成長し、そのもとに中下級官人らを編成するようになったのである。吉川はそこに中世の権門体制《けんもんたいせい》の萌芽（初期権門）を見いだし、この院宮王臣家らによりもたらされた古代の国家・社会の転換期として、承和《じょうわ》年間（八三四～八四七）を重視する。

こうした議論は、院宮王臣家や中央諸司、あるいはそこに連なる人々の活動が、古代の国家・社会の変化に連動することを示した点で大きな意義を持つ。しかし、変化の要因をもっぱら中央からの視点で論じている嫌いが否めない。九世紀の地方社会内部の理解については、依然として戸田の富豪層論に依拠しているように思われるが、先述のように富豪層論には少なからぬ課題が残されている。やはり、九世紀の地方社会の内部で何が起こっていたのか、改めて考察することが求められているのである。

九世紀の郡司

富豪層論や院宮王臣家論で論じられてきた九世紀の変化の中で、八世紀以来の郡司はどのようにとらえられてきたのだろうか。

富豪層論は石母田の在地首長制論以前の学説だが、郡司＝在地首長との認識が広まると、新たな階層としての富豪層の台頭は、旧来の郡司の没落として理解されるようになる。しかし、「富豪」とされる郡司が存在するように、富豪層に郡司が含まれることは明らかで［森二〇〇〇］、九世紀に郡司が没落したとの評価は一面的である［加藤一九八八］。

また、九世紀は国司制の転換期でもあった。一〇世紀にかけて、国司の長官である守《かみ》＝受《ず》領《りよう》に強大な権限が与えられると同時に、任国統治の責任（実質的には都への税物の納入責任）が受領個人に負わされるようになる［北條一九七五］。権限と責任を受領個人に集中させることで、都への確実な税物納入がはかられたのである。これを国司の受領化と呼ぶが、こうした傾向の中で郡司の位置づけも大きく変化する。

受領のもとには、令に規定された正員《せいいん》郡司に限らず、広く地域の有力者たちが集められ、非令制職名郡司などとして把握されるようになる。彼らは「雑色人郡司《ぞうしきにんぐんじ》」と規定され、国府職員である雑色人とともに受領の手足として活動することで、国と郡の行政が一体化していくと考えられている［山口一九九二］。雑色人郡司には旧来の郡司も含まれ、彼らが一定の役割を果たしていたことは確かだが、地域社会における位置づけが相対的に低下していることは否めない。

こうした状況は、在地首長としての郡司の没落、あるいは「共同体的諸関係の変質」などと説明されることが多かった［坂上一九八五］［山口一九九二］。これらは在地首長制論を念頭に置いた評価で、階層分解を前提とした富豪層の台頭＝郡司の没落との理解と通底する。だとすれば、九世紀の郡司の評価についても、いまだ再検討の余地が大いに残されていることになるだろう。

郡司層の解体

そこで再び郡司層に着目したい。八世紀の郡司層は制度的な裏づけを持ちつつ、現実の社会の中で郡司を核に結束していた。その意味で、九世紀に見られる郡司職忌避という現象は重大な意味を持つ。郡司という、郡司層のいわば結集核が空洞化したのである。

こうした状況下で、地域社会の新たな結集核となったのが、前司や都から下ってきた王臣家子弟、すなわち富豪浪人だったのではないだろうか。彼らは出自や官職・位階の面で貴種《きしゅ》性《せい》を有し、郡司に代わる地域社会の結集核としての求心性を備えていた。と同時に、彼らに従来の郡の枠組みにとらわれる必然性はなく、新たな地域社会の秩序を創り出していく。

そして、院宮王臣家の地方進出の契機となった、律令制的財政システムの破綻も看過できない。先述のように、自己の権益確保のために地方進出した院宮王臣家らは、必ずしも国司―郡司制にとらわれない活動を展開した。これを地方社会の側から見れば、国司や郡司の規制を受けることなく、自律的に中央の権威と結びつく機会が生じたことを意味する。

こうなると、もはや郡司層という枠組みは意味を失う。八世紀にはその内部にとどまっていた勢力が、富豪浪人や院宮王臣家らの活動に触発され、個々に表出するようになる。郡司層は没落ではなく解体したのである。そして、院宮王臣家らの視点に立てば、彼らはまさに「富」の所在にほかならない。そこから「富豪」との認識も生み出されたのだろう［磐下二〇一六］。

さらに、かつて郡司層を構成していた地域有力者たちは、院宮王臣家の家司《けいし》・家人《けにん》、あるいは中央諸司の官人としての側面と、受領のもとに編成された雑色人郡司としての側面の二面性を持つようになる［磐下二〇二〇］。この両側面は矛盾せず、むしろその二面性こそが、郡司層という旧来の枠組みに依存しない地域有力者たちの自律性を保証したのだろう。

このように、郡司層から解き放たれた地域有力者たちが自律的に活動するようになるのが九世紀の地方社会の実態であり、当該期は、それを前提とした新たな地方支配のあり方が模索された時期ととらえられるだろう。その意味では、摂関政治《せっかんせいじ》の全盛期を支えた受領制の成熟や、地方社会における在庁官人制《ざいちょうかんじんせい》の成立などに先立つ流動的な状況が、九世紀の地方社会および地方支配の現実だったのではないだろうか。

新たな地方支配論

以上、郡司に着目しながら奈良時代～平安時代初期の古代国家の地方支配について考えてみた。大雑把《おおざっぱ》にいえば、八世紀は郡司層を前提とし、また彼らに依存した地方支配が展開していた。しかし、九世紀に入ると郡司層が徐々に解体することで、その様相が大きく変化していく。こうした推移はどのように評価できるだろうか。

　日本の古代国家は「律令国家」と称されることが多い。七世紀半ば以降に本格化した中央集権的国家体制の形成が、中国からの律令制の導入を一つの柱として進められてきたからだ。では、九世紀における郡司層の解体は、「律令制」の浸透・強化ととらえるべきなのか、はたまたその崩壊・衰退ととらえるべきなのだろうか。

　たしかに、国司受領化による中央派遣官たる国司の権限強化は、「律令制」的支配の強化ととらえられよう。しかし、その裏では、律令制的財政システムの崩壊に起因する院宮王臣家の地方進出と、富豪層と目された個々の地域有力者への経済的依存という現象も確認できる。これは「律令制」の衰退と評価せざるをえない。

　要は、八世紀から九世紀への変化は、単純に「律令制」の浸透・強化／崩壊・衰退として理解すべきものではないのだろう。むしろ、郡司層の解体に見られるような当該期の地方支配の変化は、「律令制」（太政官―国司制、文明）と「氏族制」（郡司、未開）の相互作用ととらえるべきなのである。このことは、これまで縷々《るる》指摘してきた制度と実態との相関を考えるということに通底する。

在地首長制論や富豪層論など、従来の地方支配論を支えてきた理論・概念について、その見直しの必要性が指摘されるようになって久しい。こうした議論を総括しつつ、制度と実態の関係を丁寧に追っていったその先に、新たな古代の地方支配論の姿が見えてくるのではないだろうか。

参考文献

石尾芳久「日唐軍防令の比較研究」(『日本古代法の研究』法律文化社、一九五九)
石母田正『日本の古代国家』(岩波書店、一九七一)
市大樹「九世紀畿内地域の富豪層と院宮王臣家・諸司」(『ヒストリア』一六三、一九九九)
井上光貞「律令国家群の形成」(『井上光貞著作集　第五巻』岩波書店、一九八六、初出一九七一)
今泉隆雄「八世紀郡領の任用と出自」(『古代国家の地方支配と東北』吉川弘文館、二〇一八、初出一九七二)
今津勝紀「雑徭と地域社会」(『日本史研究』四八七、二〇〇三)
今津勝紀「序章」(『日本古代の税制と社会』塙書房、二〇一二)
磐下徹「郡司層小論」(『日本古代の郡司と天皇』吉川弘文館、二〇一六)

磐下徹「上野三碑試論」（佐藤信編『史料・史跡と古代社会』吉川弘文館、二〇一八）
磐下徹「袴狭遺跡出土延喜6年禁制木簡についての一考察」（『古代文化』七二―二、二〇二〇）
磐下徹『郡司と天皇　地方豪族と古代国家』（吉川弘文館、二〇二二a）
磐下徹「古代の社会集団」（『新体系日本史8　社会集団史』山川出版社、二〇二二b）
大町健「富豪「層」論」（『日本歴史』七〇〇、二〇〇六）
勝浦令子「金井沢碑を読む」（『日本古代の僧尼と社会』吉川弘文館、二〇〇〇、初出一九九九）
加藤友康「九・一〇世紀の郡司について」（『歴史評論』四六四、一九八八）
門脇禎二「律令体制の変貌」（『日本古代政治史論』塙書房、一九八一、初出一九六四）
鐘江宏之「郡司と古代村落」（『岩波講座日本歴史　第3巻　古代3』岩波書店、二〇一四）
川尻秋生「日本古代における在地仏教の特質」（『古代東国の考古学』慶友社、二〇〇五）
小谷汪之『マルクスとアジア』（青木書店、一九七九）
坂上康俊「負名体制の成立」（『史学雑誌』九四―二、一九八五）
坂本太郎「郡司の非律令的性質」（『坂本太郎著作集　第7巻』吉川弘文館、一九八九、初出一九二九）
鈴木景二「都鄙間交通と在地秩序」（『日本史研究』三七九、一九九四）
須原祥二「八世紀の郡司制度と在地」（『古代地方制度形成過程の研究』吉川弘文館、二〇一一、初出一九九六）
戸田芳実「平安初期の国衙と富豪層」（『日本領主制成立史の研究』岩波書店、一九六七、初出一九五九）
戸田芳実「中世成立期の所有と経営について」（同右書、初出一九六〇）

戸田芳実「中世成立期の国家と農民」（『初期中世社会史の研究』東京大学出版会、一九九一、初出一九六八）
南部昇「阿部武彦先生の思い出と古代史入門のころ」（『史学雑誌』一二七―一〇、二〇一八）
橋本裕「軍毅についての一考察」（『律令軍団制の研究　増補版』吉川弘文館、一九九〇、初出一九七三）
原秀三郎「八・九世紀における農民の動向」（『日本古代の木簡と荘園』塙書房、二〇一八、初出一九六三）
早川庄八「解説」（『石母田正著作集　第3巻』岩波書店、一九八九）
平野博之「平安初期における国司郡司の関係について」（『史淵』七二、一九五七）
藤本誠『古代国家仏教と在地社会』（吉川弘文館、二〇一六）
藤本誠「古代地方寺院の性格と機能」（『史学』九一―三、二〇二二）
北條秀樹「文書行政より見たる国司受領化」（『日本古代国家の地方支配』吉川弘文館、二〇〇〇、初出一九七五）
前澤和之『古代東国の石碑』（山川出版社、二〇〇八）
溝口優樹『日本古代の地域と社会統合』（吉川弘文館、二〇一五）
森公章「外散位に関する諸問題」（『在庁官人と武士の生成』吉川弘文館、二〇一三、初出一九九二）
森公章「雑色人郡司制と十世紀以降の郡司制度」（『古代郡司制度の研究』吉川弘文館、二〇〇〇、初出一九九八・九九）
森公章「九世紀の郡司とその動向」（同右書、初出二〇〇〇）
森公章『地方木簡と郡家の機構』（同成社、二〇〇九）

山口英男「十世紀の国郡行政機構」（『日本古代の地域社会と行政機構』吉川弘文館、二〇一九、初出一九九一）
山口英男「地域社会と郡司制」（同右書、初出二〇〇四）
山中敏史『古代地方官衙遺跡の研究』（塙書房、一九九四）
吉川真司「院宮王臣家」（『律令体制史研究』岩波書店、二〇二二、初出二〇〇二）
吉田孝『律令国家と古代の社会』（岩波書店、一九八三）
吉田孝『体系日本の歴史3　古代国家の歩み』（小学館、一九八八）
米田雄介『郡司の研究』（法政大学出版局、一九七六）

第四章

【平安時代の地方支配論】

変貌する国司

――受領は悪吏だったのか？

手嶋大侑

一　受領国司の登場

奈良時代と平安時代の地方支配のあり方を比べたとき、平安時代の特徴はどのような点にあるのだろうか。そう問われたとき、まず想起されるのが国司である。

国司とは、日本の古代国家が地方支配のために諸国に設置した地方官であり、中央の貴族官人が任命され、都から諸国に任期付きで派遣された。また、国司と一言でいっても、そのポストは守《かみ》（長官）・介《すけ》（次官）・掾《じょう》（判官）・目《さかん》（主典）の四つあり、ほかの律令官司と同じく四等官制《しとうかんせい》が採られていた（ただし、国の等級によって設置される国司の数には差があった）。したがって、それぞれの国には、複数の国司が派遣されていたのであり、奈良時代には、彼らが共同・連帯責任で国内統治にあたるのが基本であった［原田一九五八］（なお、奈良時代の地方支配において現地有力者の郡司が大きな役割を果たしたことについては、第三章〔磐下徹氏執筆〕を参照されたい）。

ところが、平安時代に入る八世紀末頃から、中央への税の進納が滞《とどこお》るなど、それまでの地方支配体制が十全に機能しなくなった。その背景には、中央の院宮王臣家《いんぐうおうしんけ》・諸司の地方進出や、それに呼応して中央の諸勢力と関係を結び国務に対抗する「富豪」の人々の活動、さらには飢饉《ききん》や疫病《えきびょう》などの自然災害の影響があったとされるが、こうした状況に対して中央政府が採った方針は、任国に赴任する最上位の国司（官長）＝「**受領**《ずりょう》**国司**」（主に守（＊1）。以下、受領）に国内統治をゆだねるというものであった。この方針のもと、国司が持つ責任や権限は、九世紀を通して、受領のもとに集中されていき、九世紀末にいたって、受領は徴税・進納業務をはじめとする国内行政の責任を一身に背負い、地方支配を担う存在となった［泉谷b一九七四、北條一九七五］。さらに一〇世紀後半には、受領が中心になって、徴税制度・進納体制や国衙《こくが》機構の再編が進められ、摂関期の地方支配体制ができあがっていった［佐藤二〇〇一］。

このように、平安時代になると、国司は変貌《へんぼう》し、受領が登場する。そこで本章では、国司に焦点をあてて、平安時代の地方支配について述べていくことにしたい。その際、次のように話を進めていこうと思う。

第一に、受領に関する研究史を振り返る。これを通して、戦前以来の受領像が、平安時代史研究の進展によって大きく変化した様子を見ていき、今日の研究者が共有する受領像を紹介したい。

次いで第二に、近年、注目されつつある受領以外の国司＝**任用国司**を取り上げ、その変貌の様子と近年の議論を見ていきたい。というのも、平安時代の国司の変貌の全体像を見るためには、任用国司も無視できないからである。

そして第三に、受領と任用国司の関係、ひいては受領と現地勢力の関係に着目して、受領による地方支配の実相を述べていきたい。

二　受領は強欲な地方官だったのか

古典的な受領像

平安時代の地方支配を象徴する存在といえば、受領である。では、読者の皆さんは、受領による地方支配あるいは受領そのものに対して、どのような理解やイメージをお持ちだろうか。

国司は少しでも収入を増そうとして農民に重税を課し、『受領はたおれるところに土をもつかめ』ということばどおりの苛酷な政治を行い、私腹を肥やすものが多かった。その結果、中央の威令は行われなくなり、地方政治の荒廃は著しくなった。

（原文の脚注は省略した）

この文章は、今から半世紀以上前に出版された高校の日本史教科書『詳説日本史』（山川出版社、一九六〇年）の受領に関する記述である。そこには、受領は私腹を肥やすために「重税を課し」、「苛酷な政治」を行なっていたとあり、強欲な地方官（悪吏《あくり》）として受領が説明されている。もしかすると、皆さんの中にも、こうした理解を持っている、またはこうした説明を聞いたことがある人はいるのではないだろうか（実際、筆者の勤務校の学生に受領のイメージを聞くと、悪吏のイメージを持っている学生は複数いた）。

受領を悪吏とする理解は、今日における一般的な歴史認識の中に根強く残っているといえよう。では、そもそも受領を悪吏と見なす理解は、いつ、どのようにして形成されたのだろうか（以下、［寺内二〇〇四］［渡辺二〇一一］を参考に述べていく）。

《受領＝悪吏》理解の歴史をたどると、その淵源は古く、明治時代の小中村清矩《こなかむらきよのり》の研究［小中村一八八六・一八九二］までさかのぼる。小中村は、平安時代の国司を「私利を専《もっぱ》ら」とする存在とし、特に『尾張国郡司百姓等解《おわりのくにぐんじひゃくしょうらのげ》』で訴えられた尾張国の受領藤原元命《もとなが》を悪吏と位置づけ、批判した。

その後、小中村が示した《受領＝悪吏》理解は、江戸時代以来の否定的な平安時代史観（平安時代を、藤原氏の専横により朝廷政治が腐敗し、社会が衰退していく時代と見る歴史観）と合わさって定着し、受領は平安時代の地方社会の乱れ・腐敗を象徴する存在として語られるようになった（＊2）。

こうして強欲な地方官という受領像は、戦前における通説となり、それが現代の一般の歴史認識の中に残っているのである。

しかしながら、今日の学界では、単純に受領を悪吏と見なす理解――受領の悪吏的な側面のみをことさら強調する理解――は払拭《ふっしょく》されている。「受領は平安時代の国家を支えた重要な存在だ」「受領抜きに平安時代は語れない」とするのが、今の研究者の共通認識といえよう。詳しくは次で見ていくが、戦後、特に一九七〇年代以降に進んだ平安時代史研究の成果により、受領の評価は大きく転換したのである。

ネガティブからポジティブへ――受領像の転換

①王朝国家論・王朝国家体制論

それでは、どのような研究によって受領の評価は転換したのだろうか。

戦後の研究において、平安時代、特に受領が地方支配を主導していた平安時代中期の理解を大きく変えたのが、一九六〇年代・七〇年代に盛んになった「**王朝国家論**」そして「**王朝国家体制論**」という学説である。

王朝国家論とは、一〇～一一世紀（平安時代中期）の国家を、それ以前の律令国家（古代国家）とは異なる独自の役割・性格を持った国家＝王朝国家として理解する学説であり、王朝国家論の中心人物である戸田芳実《とだよしみ》は、王朝国家を「一二世紀における中世封建制領主制の確立を促進し、古代国家から中世国家へ移行する過渡的役割を果たした」国家だとした［戸田一九六七・一九六八］。

こうした王朝国家論を、制度史研究の立場から展開し、王朝国家の支配体制を論じたのが坂本賞三《さかもとしょうぞう》である。その坂本の研究が王朝国家体制論と呼ばれるが、坂本の学説をごく簡単に説明すると、次のようなものとなる〔坂本一九七二〕。

一〇世紀初め、中央政府（太政官）は、受領に地方支配を委任して、彼らに定額の税納入を請け負わせるようになり、前期王朝国家体制が成立する。前期王朝国家体制下において、太政官より検田権《けんでんけん》（国内の土地調査権限）を委譲された受領は、国内の田地を「名《みょう》」に編成して税の賦課《ふか》や徴収をしたり、国衙に保管された帳簿類との照合結果を踏まえて税の免除を認定する（免除領田制《めんじょりょうでんせい》）などして、地方支配を行なった。しかし、こうした体制は、現地側の抵抗（国司苛政上訴《こくしかせいじょうそ》）によって変更せざるをえなくなり、一一世紀四〇年代に、受領の収取を制約する公田官物率法《こうでんかんもつりっぽう》（一反あたり米三斗の賦課）の制定や郡郷制《ぐんごうせい》の改編、別名《べつみょう》の認定が行なわれ、後期王朝国家体制に移行した。

坂本の研究は、受領の任国支配のあり方について考究し、そこに一定のかたちを持った地方支配体制が存在していたことを明らかにしたものといえ、それは、〝無秩序で混乱した地方社会〟という戦前以来の地方社会像を否定するものであった。こうして、平安時代の地方社会の理解は一新されるにいたったのである。

以上のように、王朝国家論・王朝国家体制論は、《受領＝悪吏》理解の定着に少なからぬ影響を与えた否定的な平安時代史観（特に地方社会の理解）を塗りかえたが、それだけでなく、両学説はその後の研究に大きな影響を与え、平安時代史研究を進める起爆剤になった。もちろん、王朝国家論・王朝国家体制論に対する批判も多く提示されたが（一〇世紀初頭の国家体制の転換の是非、受領の国務請負の内実、公田官物率法や郡郷制改変の時期や評価など）、そうした批判も含めて、一九七〇年代以降、平安時代に関する熱い議論が積み重ねられ、研究は前進していったのである。

②新たな受領像

こうして、一九七〇年代以降、平安時代の地方支配研究は活発化し、受領の研究も大きく進展した。その論点は多岐にわたるが、一九七〇・八〇年代には、受領の任命方法（受領挙《きよ》・受領巡任《じゅんにん》）に関する研究〔玉井一九八〇・一九八一〕、受領の勤務評価（受領《ずりょう》功《こう》過《か》定《さだめ》）に関する研究〔福井一九七四、大津一九八九〕、受領の税納入請負のあり方に関する研究〔勝山一九七五、中込一九九三〕など、中央政府と受領の関係についての研究が多く発表され、両者の関係が徐々に明らかにされていった。

さらに一九九〇年代になると、国家財政の分野で研究が進んだ。その成果として、一〇世紀後半または末期に、受領を中心にした収取制度・徴税体制の再編が行なわれたことが明らかになり、**受領は再編後の（摂関期の）国家を支える重要な存在**として明確に位置づけられることになった。そうした研究の代表的なものが大津《おおつ》透《とおる》と佐藤泰弘の研究である［大津一九九三、佐藤二〇〇一］。

大津透は、一〇世紀後半に国家の収取制度が再編されるが、それを可能にしたのは受領による強力な任国支配・徴税体制であったとし、そうした受領を、中央政府は受領功過定を通して統制したとする。その上で、一〇世紀後半以降、「貴族官僚である受領国司を通じて中央政府がようやく五畿七道全国を均一に支配することが可能になった」として、摂関期の国家を**後期律令国家**（「再編成された古代国家」「律令国家の第二段階」）と評価したのである。

佐藤泰弘は、一〇世紀末に、受領を中心に国衙《こくが》機構や徴税制度・輸納制度（都鄙《とひ》間交通）が再編されたことによって、中央・地方を通じて受領の存在が重要になり、「**受領の時代**」というべき状況が生まれたとする。また同時期には、社会構造の多元化など、中世的な諸要素が見え始めることから、一〇世紀末を古代から中世への転換が決定的になった時期と評価し、一〇世紀末から一一世紀末まで（＝受領の時代）を中世初期と位置づけたのである。

以上のように、大津と佐藤は、摂関期を古代の延長と見るか、中世の始まりと見るかの点で評価を異にするものの、両者はともに、受領を高く評価して、一〇世紀後半ないし末期における国家財政・収取（徴税）体制の再編や、摂関期の国家（摂関期という時代）を論じている。

そして、こうした大津や佐藤の研究に見られる受領像が、かつてのような悪吏像でないことは明らかであろう。ここに見られる受領像は、国家を支える重要な存在としての受領であり、これが、今日の研究者が共有する受領像なのである。

戦前以来の強欲な地方官というネガティブな受領像は、王朝国家論・王朝国家体制論を契機とした平安時代史研究の進展を経て、平安時代の国家を支える重要な存在というポジティブな受領像に転換したのである。

三　受領と任用国司

任用国司の排除

右で見てきたような平安時代史研究・受領研究の進展の中で、受領の成立過程についても研究は進み、受領の権限や責任が段階的に強化されていく様子が具体的に明らかにされていった［泉谷b一九七四、北條一九七五］。それら研究のうち、本稿で注目したいのは、それまでの研究が捨象《しゃしょう》してきた受領以外の国司＝任用国司を考察の対象に含めて受領の成立を論じた泉谷康夫《いずみややすお》の研究である［泉谷a一九七四・b一九七四］。

一九七〇年代以前における平安時代の地方支配研究では、受領や在庁官人ばかりに注目が集まり、任用国司は考察の対象から外れていた。泉谷は、こうした「片手落ちが、平安時代の地方行政に関する考察を今なお極めて不充分なものにしている」と問題視して任用国司に関する研究を進め、受領の成立と任用国司の関係を次のように理解した。

本来、国司四等官は共同で国務にあたるのが原則であったが、九世紀になり、郡司百姓による国務への抵抗が顕著になると、それに対応するため、受領の権限や責任が強化されていき、国衙雑色人《こくがぞうしきにん》の任命権も受領が掌握するようになった。その結果、国務に対する責任もなくなり、地位も低下した任用国司は、遙任《ようにん》（赴任せず、国司としての給料のみ受け取ること）の増加も相俟《あいま》って、国務から疎外されて形骸化していった。そして、それまで任用国司が担っていた国務は、受領によって国衙雑色人に任じられた現地有力者が遂行するようになった。

泉谷は、〝受領の成立〟と〝任用国司の国務からの排除〟を表裏の現象として理解し、任用国司に代わる新たな国務の担い手として判官代《ほうがんだい》などの国衙雑色人を位置づけたのである。

こうした泉谷の理解は一定の支持を得ることになり、以降、泉谷が示した【受領の権限・責任の強化（国司受領化）→任用国司の国務からの排除（任用国司の形骸化）】という図式によって平安時代における国司の変貌は理解されるようになった（＊3）。

受領直属の郎等

泉谷の研究により、一〇世紀以降の任用国司は形骸化した存在として評価されるようになった。そのため、最近にいたるまで任用国司の研究は停滞することになるが、その間に、受領の下で徴税などの国務を遂行する存在として注目されたのが受領の**郎等**《ろうとう》であった。

地方支配を任されるようになった受領は、一〇世紀以降、自身直属の部下である郎等を引き連れて赴任し、彼らを国務に参画させるようになっていく。具体的には、受領は、郎等を国使や国衙機構の分課である所《ところ》（田所、税所、検田所、収納所など）の目代《もくだい》などに任じ、彼らの下に郡司や国衙雑色人などの現地有力者を配置する体制を構築した。また、こうした動きが本格化するのは一〇世紀後半であり、それは受領による国衙機構の再編の一環でもあった［大石一九七三、飯沼一九七九、久保田一九八二］。

こうした研究により、受領は、一〇世紀後半を画期として、郎等たちを国衙機構の重要なポストに就け、彼らを手足のように駆使することで、自らの意向通りに国務を遂行する強力な任国支配体制を築いていったことが明らかにされた。その結果、郎等は、受領の地方支配体制の特徴というべき存在として重視されるようになり、郎等の出現を受領成立の指標と見なす研究［森田一九七八］も登場した。

以上、一九七〇年代頃の諸研究を見てきたが、これらの研究の結果、国司の変貌・地方支配体制の変容は次のように理解されるようになった。すなわち、【受領の権限・責任の強化（国司受領化）↓任用国司の国務からの排除（任用国司の形骸化）↓国衙雑色人の登用↓郎等

図４－１　因幡守橘行平の赴任と行平に付き従う郎等

『因幡堂薬師縁起絵巻』より
出典：国立文化財機構所蔵品統合検索システム
（https://colbase.nich.go.jp/collection_items/tnm/A-10592?locale=ja）

の登用】という図式である。この図式は、その後の理解の基本になったといえ、現行の高校の日本史教科書の記述もこの図式に基づいたものになっている（＊４）。

なお、受領の郎等には、国務を遂行する上で必要な能力を持つ者――事務処理・文書作成に優れた者、武芸に堪能な者、験力がある僧侶などが望ましいとされ（『朝《ちょう》野《や》群載《ぐんさい》』巻二二・国務条々事、第三八・四〇・四一・四二条）、ときには、受領経験者が自身の任期終了後にほかの受領の郎等として働く場合もあった［大津一九九四］。つまり、郎等に相応《ふさわ》しい者とは、国衙行政に詳しく国務遂行能力を持つ者であり、新任の受領はそうした者たちを郎等にスカウトして組織し、任国に下ったのである。

四　任用国司への再注目

任用国司は形骸化したのか

泉谷康夫の研究以降、一〇世紀以降の任用国司は国務から排除されて形骸化していく存在と評価されてきた。ところが、二〇〇〇年代に入ると、再び任用国司に注目が集まり、任用国司に関する研究が相次いで発表されるようになった。本節では、任用国司に関する近年の議論を見ていこうと思うが、その前に、議論の対象となっている一〇世紀後半以降の任用国司のあり方について簡単に説明しておきたい。

まず摂関期の地方社会で確認される任用国司については、以下の二つに区別することができる。

（一）地方有力者が居住国ではない他国の任用国司に任命される場合
（二）地方有力者が居住国の任用国司に任命される場合

（一）の任用国司については、**揚名官**《ようめいかん》（揚名官の国司が「**揚名国司**」）と呼ばれるものになる。揚名官とは、職務・実権や給与もない名誉職のことであり、揚名国司に任命された者は、任国に赴任せず、ただ任用国司を肩書にするだけであった。

具体例を一つ示すと、正暦五年（九九四）の紀伊国在田《ありた》郡の郡司の一人は「丹波掾《たんばのじょう》」（丹波国司の判官）を肩書としていたが、彼は丹波国に赴任せず紀伊国在田郡で活動していた（『平安遺文』三六〇）。つまり、この在田郡司が任じられた「丹波掾」という任用国司は、単なる肩書（揚名国司）だったと理解されるのであり、こうした存在が一〇世紀以降の地方で多く確認される。

一方の（二）は、播磨国の有力氏族である播磨氏が播磨国の任用国司に任命されるような場合である。天元三年（九八〇）に播磨利明《としあき》が播磨少掾《はりまのしょうじょう》（播磨国司の判官）に任命された事例（『除目申文抄《じもくもうしぶみしょう》』名替《ながえ》転任）はその具体例であり、こうした事例も、一〇世紀以降、多数確認されるようになる。

さて、上述の（一）（二）に関してポイントとなるのが、（二）居住国の任用国司に任じられた者が、国務に従事していた例が確認されることである。この点から、（二）の場合の任用国司が（一）と同じ揚名国司なのか否かで議論が分かれているのである（後述）。

以上のように、任用国司をめぐる近年の議論で論点となっているのは（二）の存在である。この点を押さえた上で、その議論の内容を詳しく見ていこう。

①消極的に評価する研究

泉谷の議論の方向性を継承し、一〇世紀以降の任用国司を消極的に評価するのが小原嘉記《こはらよしき》である［小原二〇〇九］。

小原は、まず、除目《じもく》（任官）制度・国司制度を踏まえて任用国司を検討し、一〇世紀後半以降の任用国司は総揚名官化＝総名誉職化の流れにあったとした。その上で、一〇世紀後半以降に確認される国務に従事する任用国司について言及し、彼らが国務に携わることができたのは、任用国司に任命されたから（任用国司の地位にあったから）ではなく、彼ら自身がもともと国衙と関係を持つ現地有力者であったからだとした。つまり、小原は、国衙に従事する現地有力者が任じられた任用国司は揚名国司（名誉職）であり、任用国司の地位が国衙機構内における序列に影響したり、固有の役割を持ったりしていたわけではなかったと主張したのである。

こうした小原の見解は、前述した（一）と（二）をともに揚名国司だとする理解になる。

②積極的に評価する研究

小原の見解に対して、当該期の任用国司に一定の意義を見いだし、積極的な評価を与える研究も登場した。その議論を展開したのが渡辺滋《しげる》と筆者（手嶋大侑）である。

渡辺は、一〇世紀以降の任用国司の多くが揚名国司化することを認めつつも、すべての任用国司が揚名国司化し国務から排除されたわけではないとして、泉谷・小原の理解を批判した。その議論において、渡辺は、現地有力者がその国の任用国司に任じられた場合、彼らは任用国司として国務に従事していたと理解し、これを重視した。そして、受領の任国支配にとって任用国司は必要な存在であり、現地有力者を任用国司として国務に参画させるあり方は、現地勢力を支配体制に取り込み、円滑な国務遂行を目指す受領側の意図が反映されたものであったとした。また、現地有力者にとっても、任用国司という地位は国衙行政に参画し、自らの政治的発言権を向上させる上で必要であったとし、そうしたあり方が中世的国衙機構の歴史的前提になったと評価する［渡辺二〇一二・二〇一四・二〇二二］。

　こうした渡辺の議論を継承したのが手嶋である。手嶋は、一〇世紀後半以降の地方社会には、受領の指示に従って国務に携わる任用国司が確認され、そうした任用国司は現地有力者や郎等が任じられた存在だと指摘し、受領は現地有力者たちに任用国司の地位を与えることで彼らの協力を得る支配体制を築いていたのではないかと論じた。

　その際、手嶋が注目したのが**年官**《ねんかん》である。年官とは、上級の皇族・貴族（天皇、院宮、親王・内親王、摂政・関白、公卿《くぎょう》など）に与えられた官職推薦権であり、給主（年官の権利を与えられた者）は、この権利を行使することで、任意の者を諸国の任用国司に推薦・任命することができた。この点に着目した手嶋は年官と受領の関係を分析し、受領は、①中央の給主に現地有力者を紹介して（現地有力者を年官で推薦してもらうよう依頼して）、②年官で現地有力者を本国の任用国司に推薦・任命してもらい、③彼らに居住国の任用国司の地位を与えることで、④現地有力者との間に良好な関係を構築し、安定した任国支配を実現しようとしていたと論じたのである（**図4－2参照**）［手嶋二〇一九］。

　このような渡辺と手嶋の議論は、（一）と（二）を区別し、特に（二）を重視して、受領支配下における任用国司に一定の意義を見いだし、再評価したものとなる。またそれは、泉

図４－２　受領が仲介した年官による推薦の流れ

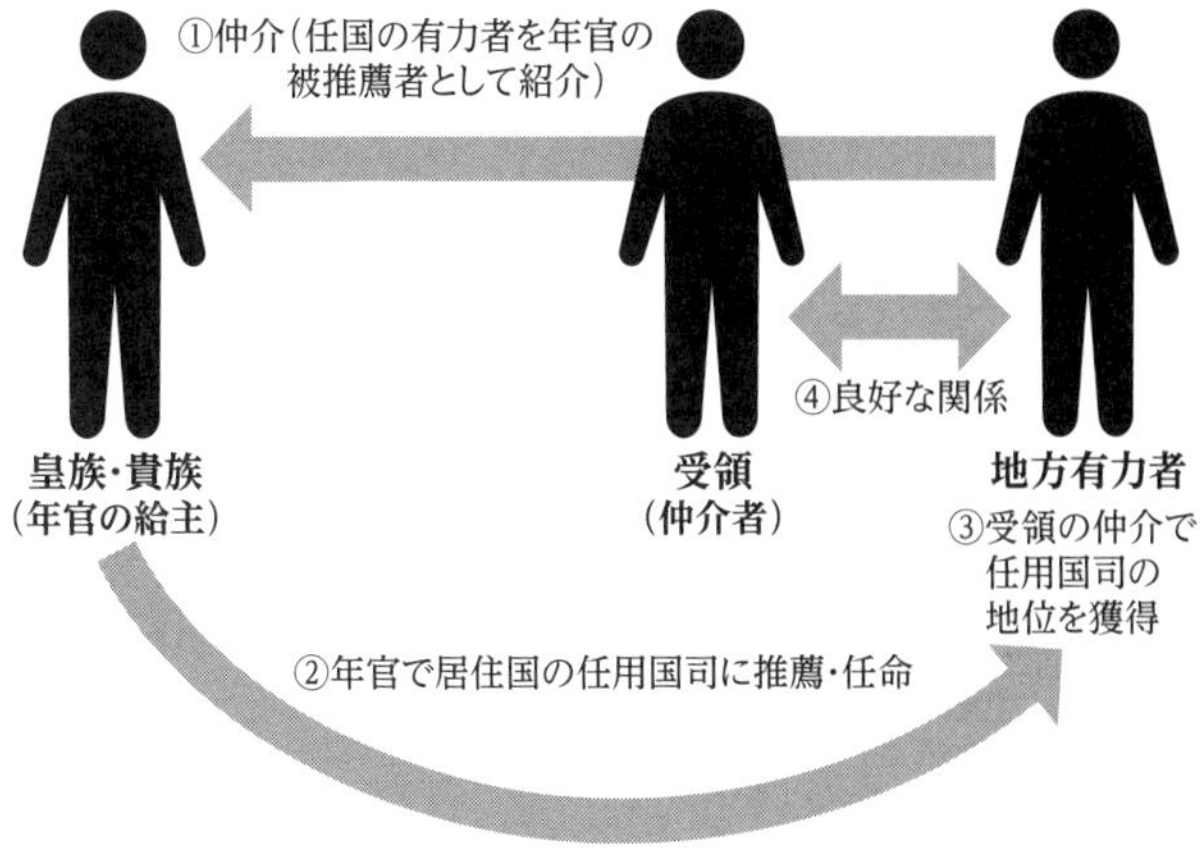

谷が提示した【国司受領化→任用国司の国務からの排除（任用国司の形骸化）】という図式に再考を迫るものでもあった。

以上のように、二〇〇〇年代以降、受領の地方支配体制下における任用国司に注目が集まり、その評価をめぐって議論がなされてきた。繰り返しになるが、その論点は、（二）地方有力者が居住国の任用国司に任命される場合の評価であり、現在も議論は続いている。ただ、最近では、渡辺・手嶋の理解が認められつつあるように思われるが（たとえば［佐々木二〇二〇］［三谷二〇二四］など）、受領支配下における任用国司については、筆者も含め、これからも議論を積み重ねていく必要があるだろう。

任用国司に任命される者の変化

ここまで、近年の任用国司をめぐる研究を整理し、地方有力者が居住国の任用国司に就く場合の理解が分かれていることを確認してきたが、その一方で共通認識となっている部分もある。それは任用国司に任じられる者が変化したという点である。

本来、国司に任命される者は中央の貴族官人であり、それは受領も任用国司も同じであった。ところが、国司受領化が進んだ一〇世紀以降になると、任用国司に地方有力者が任じられるケースが増えていった。つまり、任用国司に任命される者の範囲が中央官人層から地方有力者層に拡大し、後者に比重が移っていったのである（ただし、一〇世紀以降も中央の下級官人は任用国司に任じられているから、中央官人が任用国司に任命されなくなったわけではない）。

こうした変化に関わって重要な点は、日本古代における国司任命方針の**「本籍地回避」の原則**である。本籍地回避の原則とは、その言葉通り、国司任命の際、出身・居住国（本籍のある国）の国司に任命することを避ける原則であり、本原則の淵源は、古代中国にあるとされている［渡辺二〇一四］。したがって、日本古代においては、本来、地方有力者を本国の任用国司に任じることは避けられており、右で見てきたような（二）の存在は本籍地回避の原則に反する存在であった。しかし、一〇世紀後半になると、本原則の適用対象から任用国司が外れるようになり、(二)のような存在が生み出されていったのである〔渡辺二〇一四〕〔手嶋二〇一七〕。

このように、任用国司に任じられる者の範囲が中央官人層から地方有力者層に拡大していく背景には、本籍地回避の原則の弛緩《しかん》という変化も密接に関わっていた。本原則のあり方も、平安時代の国司の変貌を考究する際の重要な論点となるのである。

国司の変貌

本節では、二〇〇〇年代に発表された任用国司をめぐる研究を整理し、その議論を概観してきた。それを踏まえて、筆者の立場から、奈良時代と平安時代の国司の違い(平安時代における国司の変貌)をまとめると、次のようになろう。

(1) 奈良時代の国司(守・介・掾・目)は共同・連帯責任で国務にあたる存在であり、国務遂行上における守・介・掾・目の関係は、階級によって職務・責任の差はあれど、「同僚」といえるものであった。それに対し、平安時代になって受領が誕生すると、任用国司は、名誉職である揚名国司と、受領の下で国務を遂行する任用国司に分かれていき、後者の場合、受領と任用国司の関係は「上司と部下」というべきものになった。

（2）奈良時代の国司は中央官人が任命されたが、平安時代において受領の下で国務に携わる任用国司は現地の有力者が任命された。つまり、任用国司として国務に携わる者が中央官人から地方有力者に変わったのであり、任用国司は中央派遣官という性格を失うのである。

以上のように、平安時代になると、国司四等官は受領と任用国司に分かれ、任用国司は受領の下僚《かりょう》という性格を強めて現地有力者が任じられるポストに変貌する。こうした任用国司の変貌は、受領が現地有力者を自らの下に編成するために任用国司のポストを利用した結果だと考えられるので、国司の変貌を含め、平安時代における地方支配の変化は受領を軸に進行したといえるだろう。

五　地方における対立と協調

受領と現地の人々は対立していたのか

第三節・第四節では、泉谷康夫に始まる任用国司研究を整理し、その議論を紹介してきたが、それと関連して、近年では、受領と任用国司の関係、ひいては受領と現地勢力の関係についての理解も見直されつつある。そこで次は、この点を見ていきたい。

第三節で紹介した研究において、泉谷は、国司受領化にともなって国務から疎外された任用国司は、現地勢力側に付いて受領と激しく対立する場合があったことを指摘し、「受領vs現地勢力・任用国司」という認識を示した「泉谷b一九七四」。ここに見られる対立図式は、受領と現地勢力の関係についての、かつての一般的理解だったと思われる。そして受領と現地勢力の対立、これを象徴する運動として注目されてきたのが**国司《こくし》苛政上訴《かせいじょうそ》**である。

国司苛政上訴とは、上京した現地の人々（現地有力者層が上訴主体）が、受領の苛政（厳しすぎる政治）・非法を朝廷に直接訴え、受領の解任・交替を求める運動であり、一〇世紀後半から一一世紀前半に集中して確認されるものである。こうした国司苛政上訴は、研究史上では、受領による国衙機構の再編（郎等の国務への参画）や地方支配の強化に対する現地勢力の抵抗運動として位置づけられてきた〔坂本一九七二、大石一九七三、飯沼一九七九、久保田一九八一、山口一九九一〕。

しかしながら、国司苛政上訴が頻発する一〇世紀後半から一一世紀前半の時期には、受領の延任・重任（再任）を要求する善状《ぜんじょう》提出の運動も目立って行なわれた（この時期の善状提出運動は一六例確認される〔梅村二〇二〇〕）。小原嘉記は、こうした受領に対する正反対の民衆運動は、「受領と結び付いた側と疎外された側のそれぞれの対応」であり、国司苛政上訴は受領と現地勢力の関係の一側面に過ぎないとして、当該期の受領と現地勢力の基本的関係は「癒着」であったとする〔小原二〇一一〕。

また、小原と任用国司の評価を異にしている渡辺も、受領と任用国司（＝現地有力者）の関係を対立と見ずに議論を展開し〔渡辺二〇一二・二〇一四〕、手嶋も、両者の関係は「協調」が基本であったとする〔手嶋二〇一九〕。

このように、近年では、受領と現地勢力の基本的関係を対立と見るのではなく、「癒着」

「協調」ととらえる傾向が強くなってきているといえよう。

現地勢力間の対立を含む国司苛政上訴

受領と現地勢力の関係が癒着・協調であったという点は、じつは、国司苛政上訴にも見ることができる。国司苛政上訴は、その表面的な構造から受領と現地勢力の「対立」を象徴する運動として見なされがちだが、その内部を詳しく見ていくと、現地有力者同士の対立も内包されていたことが判明する。ここでは、その具体例を二つ紹介しよう。

一つ目は、長和元年（一〇一二）に加賀国の百姓から非法を訴えられた加賀守源政職《まさもと》の事例である。この事例は、藤原道長の日記『御堂関白記《みどうかんぱくき》』の長和元年九月二二日条と同一二月九日条に記載されている。

それによると、加賀国の百姓によって非法（三二箇条）を訴えられた政職は、尋問のため、朝廷に呼び出されたが、このとき、加賀国の任用国司と郡司・書生《しょしょう》（国衙に勤務する雑任）が政職とともに参上し、政職の無実を主張したとある。政職の無実を訴えた任用国司・郡司・書生は加賀国の有力者だと理解され、彼らは受領政職の下で加賀国の国務を遂行していた、受領側に付いた現地有力者だったと考えられる［手嶋二〇一九］。加賀守源政職を訴えた国司苛政上訴には、受領と対立した百姓（その中には有力者もいただろう）と受領側に付いた現地有力者（任用国司・郡司・書生）の対立が包含されていたのである。

二つ目は、国司苛政上訴の代表ともいえる尾張国の受領藤原元命を訴えた事例である。このとき、朝廷に提出されたのが『尾張国郡司百姓等解』であり、そこには、受領元命の非法が三一箇条にまとめられている。

そのうちの第三〇条には、元命の下で非法を働いた「有官散位従類《うかんさんにのじゅうるい》、同不善輩《おなじきふぜんのともがら》」の実名や身分（位階や官職名）が列記されている。その中の一人に「良峯《よしみね》松村」という人物が見えるが、彼は、尾張国丹羽郡の有力氏族の出身者であることが指摘されており［上村一九九六］、良峯松村は元命側に付いた現地有力者であったと考えられる。そうだとすれば、元命を訴えた苛政上訴においても、元命と対立した郡司・百姓と、元命側に付いた「良峯松村」という尾張国内の勢力同士の対立が内包されていたことになろう。

このように、国司苛政上訴には、受領と結びついた現地勢力と、受領と対立した（受領に疎外された）現地勢力の対立が内包されていたと理解される。したがって、受領による地方支配（国衙機構の再編）が行なわれていた時期に、国司苛政上訴が頻発するからといって、この時期の受領と現地勢力の関係を単純に「対立」と理解することはできないのである。

後述する史料や事例を踏まえると、やはり、当該期の受領と現地勢力の関係は癒着・協調が基本であったと理解すべきだと思われる。

安定した地方支配・円滑な国務遂行のために

それでは、なぜ受領は現地勢力と癒着・協調の関係を築いたのだろうか。結論を先に言えば、それは安定した地方支配・円滑な国務遂行を実現するためであったと考えられる。

新任受領の心得や赴任の際の儀式、行なうべき国務などが四二箇条にまとめられている『朝野群載』巻二二・国務条々事を見ると、次のような条文を確認することができる。

【a】任国に入るに際しては、吉日・吉時を選ぶべきである。もし吉日を待つ間に任国の官人や雑色人たちが到来したなら、作法に従って、彼らに「国風」を尋ねるべきである（第七条）。

【b】境迎《さかむかえ》（新任受領が任国に入る際、国境で国衙官人たちが新任受領を出迎え、対面する儀式）は「土風《どふう》」に従うべきである（第八条）。

【c】三日厨《みっかくりや》（新任受領が着国してから三日間行なわれる饗宴《きょうえん》）を停止する場合は、着国以前に停止の連絡をすべきであり、もし実施する場合は、その国の「例」に従って行なうべきである（第一二条）。

【d】諺《ことわざ》に「国に入れば、その国の慣習を尋ねよ」とあるように、公損がない限りは「旧跡」を改めることはするな（第一四条）。

【e】任国の故実《こじつ》に通じた老人に、「風俗」や「故実」を尋ね、もし過去に善政があったなら、その先例に従い、「旧風《きゆうふう》」を改めてはいけない（第一五条）。

【f】前司から新司に、公文書・帳簿・器物（印・鈎《かぎ》など）等を引き継ぐときは「国例」に従うべきである（第二〇条）。

【g】稲の徴収について、国ごとに「風土俗之例」があれば、それに則り、公私に損がないように行なうべきである（第二三条）。

【h】国内の有力者（郡司・雑任、浪人）と過度に接近すべきではないが、これについても「国体」に従うべきである（第二九条）。

右に列記したように、国務条々事では、受領が任国で国務を遂行する際には、「国風」「土風」「国例」「旧跡」「風俗」「故実」「風土俗之例」「国体」すなわち〃その国の慣習〃に従うべきことが繰り返し述べられている。実際、承徳三年（一〇九九）に因幡守（受領）として因幡国に赴任した平時範《たいらのときのり》は、境迎の前日に使者を因幡国の官人のもとへ派遣して「故実」を尋ねている（『時範記』承徳三年二月一四日条）。

こうした事例からも分かるように、受領が国内統治を行なう際、その国の慣習や先例に則ることは重要だったのであり、任国の有力者たちは、そうした国の慣習・先例に精通した者（つまりそれは国内行政・国務に精通した者）でもあった。したがって、受領は任国の慣習に則りながら国内統治を遂行するために、現地有力者たちと協調関係を構築し、彼らの協力を得る必要があったのであり、その際、利用されたのが、任用国司というポストであったといえるだろう。

なお、国務条々事には、簡単に郡司や雑色人を解任すべきではないとする条文がある（第二七条）。この条文からは、現地勢力を軽視すべきではないとする姿勢が読み取れるが、それだけでなく、この条文の存在は、新任の受領に郡司・雑色人の任命・罷免《ひめん》権があったことを物語っている。受領の初任時には、国内の郡司や雑色人などの整理・確認が行なわれたのであり、受領の交替は地方有力者たちの国内における立場が変わる契機でもあった［小原二〇一二］。したがって、地方有力者たちにとっても、受領と良好な関係を構築することは、国内における自らの立場を確保する上で非常に重要なことだったといえるのである。

六　平安時代の地方支配——受領を支えた人たち

本章では、平安時代の国司、特にこれまで受領の陰に隠れて言及されることが少なかった任用国司にもスポットライトを当てて、その研究史を振り返りながら、最新の理解を紹介してきた。その内容を踏まえて、本章の締めくくりとして、平安時代の地方支配について簡単にまとめておきたい。

平安時代、特に摂関期の地方支配を担当したのは受領である。受領は、都で雇って組織した郎等と、任用国司や国衙雑色人に任じて編成した現地の有力者たちを、国衙機構の各部署（国務運営の中心となる「国庁」や特定業務を担当する「所」）に配置して国務を担わせ、またときには、国使として国内に派遣し、国務を執行させて地方支配を実行した。受領は、京下《きょうくだ》りの郎等と現地の有力者という中央・地方、双方の人間を編成して地方支配に当たったのである。こうした受領の地方支配に対しては、現地勢力がその苛政を訴える国司苛政上訴も行なわれたが、それは受領と現地勢力の関係の一面に過ぎず、基本的な両者の関係は協調関係であったと考えられる。受領は、現地勢力との関係を軽視せずに地方支配を遂行し、摂関期という時代を支えていたのであり、そうした受領を現地で支えたのは、郎等と現地の人たちであった。

注

＊1　「受領」の呼称は、国司交替の際、前任の国司から国の全財産を引き継ぐ＝受領することに由来する［泉谷ａ一九七四］。なお、受領以外の国司は「任用」（以下、任用国司）と呼ばれた。
　また、中央のポストを本職とする者が守を兼任して赴任しなかったり（遙任《ようにん》）、守が欠員だったり、上野・常陸・上総の親王任国《しんのうにんこく》（これらの国の守は「太守《たいしゅ》」と呼ばれ、親王が任じられるポストになっており、太守は未赴任とされた）など、守が不在の場合は、任国における最高責任者は次官の介になるので、介が官長となった。

＊2　たとえば、黒板勝美『国史の研究　各説上巻　更訂』（岩波書店、一九三一、三一一〜三一二頁）には、「もし偶《たまたま》々、赴任したる国守あれば、それは私利を謀《はか》るためであつた。一条天皇の御代《みよ》永祚《えいそ》元年尾張

守藤原元命の暴政に対し、国内の郡司百姓等が連合して彼を弾劾した解文（中略）は最もよくこれを物語つてゐる。これによつて元命は国守を罷《や》められたけれど、長徳元年四月には上卿《しょうけい》に代つて吉田祭を行うたことが日本紀略に見えて居るのによるも、中央政治の情実によつて行はれてゐたことが推知せられるであろう、（中略）かく藤原氏が地方の政治に無頓着であり、国守の暴政に向つても寛容なりしことは、地方政治の頽廃《たいはい》が既に膏肓《こうこう》に入《い》つたことを示すものであり、（中略）いはば地方は或《ある》点《てん》まで無政府の状態であつた」とある（一部、常用漢字に改めた）。

＊3　たとえば、国司が発給する文書（国司文書）を検討した富田正弘は、一〇世紀以降の国司文書の大半が受領の単独署判になることを明らかにし、それは国衙内における受領の優位性つまり任用国司の地位の低下の表れだと評価した［富田一九七五］。ただし、富田は、受領の単独署判がほとんどになる一〇世紀以降においても、国務に従事していた任用国司がいたことを指摘しており、この点を、本格的に検討したのが後述する渡辺滋である。

＊4　山川出版社の『詳説日本史』（二〇二二年文科省検定版）の記述は、「受領は、郡司の任免権を握って彼らを駆使するようになり、これに加えてみずからが率いていった郎等たちを強力に指揮しながら徴税を実現し、……一方で、受領以外の国司は、実務から排除されるようになり……」というものである。なお、山川出版社の『詳説日本史』をさかのぼってみると、〝任用国司の国務からの排除〟は二〇〇六年文科省検定版から、〝郎等の登用〟は二〇一二年文科省検定版から記述に加わったことが分かる。

参考文献

飯沼賢司「在庁官人制成立の一視角」（『日本社会史研究』二〇、一九七九）
泉谷康夫ａ「任用国司について」（『日本中世社会成立史の研究』高科書店、一九九二、初出一九七四）
泉谷康夫ｂ「受領国司と任用国司」（同右書、初出一九七四）
上村喜久子「尾張「良峰氏」考」（『尾張の荘園・国衙領と熱田社』岩田書院、二〇一二、初出一九九六）
梅村喬『尾張国郡司百姓等解文の時代』（塙書房、二〇二〇）
大石直正「平安時代の郡・郷の収納所・検田所について」（豊田武教授還暦記念会編『日本古代・中世史の地方的展開』吉川弘文館、一九七三）
大津透『律令国家支配構造の研究』（岩波書店、一九九三）
大津透「受領功過定覚書」（同右書、初出一九八九）
大津透「平安時代の地方官職」（山中裕・鈴木一雄編『平安貴族の環境』至文堂、一九九四）
勝山清次「「弁済使」の成立について」（『中世年貢制成立史の研究』塙書房、一九九五、初出一九七五）
久保田和彦「国司の私的権力機構の成立と構造」（『学習院史学』一七、一九八一）
小原嘉記「平安後期の任用国司号と在庁層」（『日本歴史』七三五、二〇〇九）
小原嘉記「中世初期の地方支配と国衙官人編成」（『日本史研究』五八二、二〇一一）
小中村清矩「官職の沿革」（『陽春廬雑考』巻三、吉川半七、一八九七、初出一八八六）
小中村清矩「尾張国解文略説」（同右書、初出一八九二）

坂本賞三『日本王朝国家体制論』（東京大学出版会、一九七二）
佐々木恵介「受領研究の動向と課題」（『歴史評論』八四一、二〇二〇）
佐藤泰弘『日本中世の黎明』（京都大学学術出版会、二〇〇一）
玉井力「「受領挙」について」（『平安時代の貴族と天皇』岩波書店、二〇〇〇、初出一九八〇）
玉井力「受領巡任について」（同右書、初出一九八一）
手嶋大侑「年官制度の展開」（公益信託松尾金藏記念奨学基金編『明日へ翔ぶ―人文社会学の新視点―4』風間書房、二〇一七）
手嶋大侑「平安中期における受領と年官」（『歴史学研究』九八三、二〇一九）
寺内浩「受領制研究の成果と本書の課題」（『受領制の研究』塙書房、二〇〇四）
富田正弘「平安時代における国司文書」（『中世公家政治文書論』吉川弘文館、二〇一二、初出一九七五）
戸田芳実『日本領主制成立史の研究』（岩波書店、一九六七）
戸田芳実「中世成立期の国家と農民」（『初期中世社会史の研究』東京大学出版会、一九九一、初出一九六八）
中込律子「受領請負制の再検討」（『平安時代の税財政構造と受領』校倉書房、二〇一三、初出一九九三）
原田重「国司連坐制の変質についての一考察」（『九州史学』一〇、一九五八）
福井俊彦「受領功過定の実態」（『史観』八八、一九七四）
北條秀樹「文書行政より見たる国司受領化」（『日本古代国家の地方支配』吉川弘文館、二〇〇〇、初出一九七五）

三谷芳幸「受領の支配と貢納」（大津透編『日本史の現在２　古代』山川出版社、二〇二四）
森田悌『受領』（教育社、一九七八）
山口英男「十世紀の国郡行政機構」（『日本古代の地域社会と行政機構』吉川弘文館、二〇一九、初出一九九一）
渡辺滋「受領像の形成過程」（『日本古代学』三、二〇一一）
渡辺滋「平安時代における任用国司」（『続日本紀研究』四〇一、二〇一二）
渡辺滋「日本古代の国司制度に関する再検討」（『古代文化』六五―四、二〇一四）
渡辺滋「平安期における周防国の地域有力者と国衙機構」（『山口県地方史研究』一一八、二〇一二）

［付記］本稿は、科研費（23K12280）の成果の一部である。

第五章

【奈良・平安時代の文化論】

〝「唐風文化」から「国風文化」へ〟は成り立つのか

小塩慶

一　教科書の文化史区分

教科書の文化史区分は絶対か？

「文化史」と聞くと、皆さんはどのようなイメージをお持ちだろうか。多くの教科書では、文化動向は時代ごとの章の最後にまとめて記述され、代表的な人物や美術作品、文学作品、建築などが列挙される。しかし正直なところ、いまひとつ流れがつかみにくいことも確かだ。もしかすると「暗記で乗り切る分野」というイメージがあるかもしれない。

実際、文化史は難しい。古代日本の文化の流れを教科書的に記述すると、六世紀以降、**飛鳥《あすか》文化**（六世紀中頃〜七世紀前半）、**白鳳《はくほう》文化**（七世紀中頃〜八世紀初頭）、**天平《てんぴょう》文化**（奈良時代）、**平安初期の文化**（平安京遷都〜九世紀末）、**国風《こくふう》文化**（一〇世紀〜一一世紀）と続く。

ところがじつは、時期区分や名称といった基本的な部分でも、これが定説かといわれると微妙なところがある。飛鳥文化と白鳳文化をどう区分するのかは研究者や研究分野によって見解が異なるし、文化の名称も、平安初期の文化については「**弘仁《こうにん》・貞観《じょうがん》文化**」「**唐風《とうふう》文化**」という名称もよく使われる。また「国風文化」という名称は広く用いられているが、その語の妥当性をめぐっては、歴史学を中心に半世紀以上も議論が続けられている［小塩二〇二三］。

こうした難しさの一因には、文化史の記述が、歴史・美術・文学・建築といった独立した分野の研究成果を寄せ集めて構成されているという事情がある。その結果、時期区分や文化のとらえ方に微妙なズレが生じていることも否定できない。教科書の文化史区分はある程度有効だが、各分野の研究は必ずしもこの枠組みにとらわれすぎることなく進められてきた。

本章でも、いったんこの区分から自由になり、奈良時代と平安時代の文化はどうつながり、どう異なるのかを考えてみたい。

キーワードは「**唐風化**」と「**国風化**」である。

古代日本の文化の流れについては、遣唐使《けんとうし》を介して唐《とう》の文化を輸入した「唐風文化」の時代から、寛平《かんぴょう》六年（八九四）の遣唐使廃止を契機として、日本的な「国風文化」の時代を迎える、という古典的な理解がある。遣唐使の有無を軸とした、分かりやすい説明ではある。

しかし、「唐風化」の過程に関しても、「国風化」の過程にしても、近年研究は大きく進んでいる。その中で、従来の見方には修正も必要であることが分かってきた。

本章では、唐風化が一段と進む奈良時代後半（八世紀中頃）をスタートとし、国風文化が花開く平安時代中期（一〇・一一世紀）をゴールとして、「唐風化」と「国風化」の過程を追っていく。中でも天平文化から平安初期の文化へのつながり（「唐風化」の部分）、そして平安初期の文化から国風文化へのつながり（「国風化」の部分）に注目していきたい。

二 「唐風化」の諸段階

日本文化と中国文化の対応関係

まずは、「唐風化」の諸段階から見ていくこととしよう。

古代日本では、特に八世紀以前は朝鮮半島の文化の影響を強く受けているが、大きく見れば中国文化圏の中で文化が育まれてきた。ただし中国文化といっても、時代によって文化の様相は異なっている。それでは、具体的にはどの時代の中国文化の影響を受けているのだろうか。国風文化は問題が複雑になるので後回しにするとして、飛鳥文化から平安初期の文化については、教科書では概ね次のように説明される（**表5－1**「文化と時代の対照表」参照）。

飛鳥文化……中国**南北朝**《なんぼくちょう》**時代**の影響を受けた、仏教色の強い文化。
白鳳文化……**初唐**《しょとう》の影響を受けた清新で活気に満ちた文化。
天平文化……**盛唐**《せいとう》の影響を受けた国際色豊かな文化。
平安初期の文化……中国文化の消化が進み、引き続き**唐の影響の強い**文化。

このように日本では、おおよそ同時代か多少前の時代の中国、特に唐の文化の影響下にあったことが分かる。したがって、特に唐風化が強まる九世紀の平安初期の文化のみを「唐風文化」と呼ぶことには、注意も必要である。より正確にいえば、七世紀から九世紀にかけての、いわば広い意味の「唐風文化」の中で、九世紀を中心に一段と唐風化が進み、狭い意味での「唐風文化」が花開くのである。

奈良時代後半の唐風化政策

ここからは、具体的な文化の様相に迫っていきたい。

「唐風化」といえば、平安時代初期、中でも嵯峨《さが》天皇の治世を中心とする九世紀前半が重視されてきた。しかし近年では、その前段階として奈良時代後半に注目する研究が増えてきている。

奈良時代後半の唐風化を考える上で鍵となる人物は二人いる。藤原仲麻呂《ふじわらのなかまろ》と吉備真備《きびのまきび》だ。仲麻呂は孝謙《こうけん》・淳仁《じゅんにん》両天皇の時代に政権を握り、儒教《じゅきょう》を重視する唐風化政策を行なった。真備は二度も唐に渡った人物で、多くのモノと知識を日本に持ち帰り、聖武《しょうむ》・称徳《しょうとく》両天皇の時代に政権の中枢で活躍した。

仲麻呂や真備が活躍した天平感宝《てんぴょうかんぽう》～神護景雲《じんごけいうん》年間（七四九～七七〇、聖武・孝謙・淳仁・称徳の治世）は天平（七二九～七四九）に続く時代で、例外的に四文字の年号が用いられた。このため「**四字年号時代**」と呼ばれることもある［吉川二〇一一］。四文字の年号は約半世紀前の中国の武則天《ぶそくてん》（則天武后《そくてんぶこう》）の時代に前例があり、日本ではこれをモデルにしたらしい。

天平文化といえば、奈良の古寺の建築や仏像、正倉院《しょうそういん》宝物の数々、『万葉集《まんようしゅう》』などが頭に浮かぶ。こうした「形に残る」文化がある一方で、文化の継承という観点では、じつは学術の発展のような「形に残らない」文化も重要だ。本章ではあえて後者に注目してみたい。
仲麻呂は多くの唐風化政策を行なった［仁藤二〇二一など］。一例として、天平勝宝《てんぴょうしょうほう》の七年目（七五五）以降、「〜年」ではなく「〜歳」と呼ぶように改めたことなどが知られる。これは、唐の皇帝の玄宗《げんそう》が、天宝《てんぽう》の三年目（七四四）に年の数え方を「〜載《さい》」に改めたことに倣《なら》ったものである。

この時期の唐風化の特徴は、多くが武則天や玄宗といった、ほぼ同時期の中国をモデルにしていることだ。モデルとなる中国の事業から一〇年以上遅れて実施されたものもあるが、

表５－１　文化と時代の対照表

西暦	日本	中国
6世紀	飛鳥文化・白鳳文化	南北朝、隋
7世紀	飛鳥文化・白鳳文化	初唐
8世紀	天平文化	盛唐、中唐
9世紀	平安初期の文化	中唐、晩唐
10世紀	国風文化	五代十国、北宋
11世紀	国風文化	北宋
12世紀	国風文化	北宋

これを現在の時間感覚でとらえてはならない。八世紀の日中間の往来は、十数年から二〇年に一度しか派遣されない遣唐使にほぼ限られており、大陸の最新情報を得る機会は限られていたのである。このことを念頭に置けば、武則天や玄宗の政策は、日本側で情報を得てからかなり早い段階で自国の政策に採用されたといってよいだろう。

もっとも、仲麻呂はのちに乱を起こして失脚するため、彼の政策は後世に受け継がれないものも多い。その否定的なイメージも相まって、四字年号時代の政策はしばしば「唐風趣味」と揶揄《やゆ》されることもある。

四字年号時代前後はこのほかにも政乱や皇位継承をめぐる問題が多く、混乱の時代とも理解されてきた。しかし近年では、かつては混迷の要因のように描かれてきた称徳を「空前の専制君主」と評価し、平安時代以降の天皇との共通性を見いだす見解もある［吉川二〇一一］。四字年号時代の唐風化についても、一時的な「唐風趣味」と片づけてしまうのではなく、平安時代へ受け継がれる部分を適切に評価していく必要がある。

受け継がれる政策

平安時代以降に受け継がれていく政策・文化とはどのようなものだったのだろうか。

一つは天皇の唐風化である。たとえば天平宝字《てんぴょうほうじ》元年（七五七）には、皇帝の実名（諱《いみな》）をはばかって使用を避ける「避諱《ひき》」という中国の制度が導入された。このほか、天皇や皇后に中国風の尊号（聖武に贈られた「勝宝感神聖武皇帝《しょうほうかんじんしょうむこうてい》」など）が贈られたり、天皇の正装（礼服《らいふく》）に中国風の要素が加わったりするのも、この時代である。天平宝字年間前後は、天皇の唐風化の一つの画期と評価される［大津一九九二］。

この方向性は平安時代にも引き継がれた。避諱は桓武《かんむ》天皇の治世など平安時代初期までは確認できるし、桓武の息子の嵯峨天皇の時代には、最も格の高い行事において、天皇が唐皇帝とほぼ同様の礼服を着用することが定められた。

学術の振興も重要だ。じつは奈良時代中頃まで、日本では教育制度が充分に整備されていなかった。先進的な知識は、大部分を大陸からの渡来人とその子孫に頼っていたのである。

この状況が変わり始めるのが、天平年間前後である。まずは、公的な教育機関である大学《だいがく》寮《りょう》の整備が進み、渡来系氏族に限らず才能のある者が入学するようになっていく［丸山二〇一四］。変わっていくのは人だけではない。教科書にも変化が現れる。当時の日本では中国の書籍を教科書としていたが、仲麻呂の政策によって、それまで使われていた中国南北朝の古い教科書から、隋《ずい》・唐の新しい教科書に切り替わったとされる［榎本淳一二〇一二］。

ここからも分かるように、少なくとも学術分野では、じつはかなり後までひと昔前の中国文化が根強く残っていた。奈良時代といえば、遣唐使によって一気に唐風に変化したという印象が強いかもしれないが、実際には新旧の中国文化（それ以前の日本文化も）が混在する、過渡期ともいえる状況だったのである。これらの政策が、平安時代以降に諸学問で優れた人材が多く登場する土台を用意した。

さらに、儀礼の唐風化も進んだ。吉備真備が持ち帰った知識によって、四字年号時代には、いくつかの儀式が唐のあり方に近づく。この時期に中国文化への理解が進んだことが、平安時代初期に儀礼が全面的に唐風化する前提になったと考えられている［古瀬一九九二］。

ここで重要なのは、真備ら遣唐使が、唐の王宮で儀式に参加し、国際都市・長安《ちょうあん》（現在の西安）に集う人々と交流することができた点だ。

一回の遣唐使で派遣された人数は、五百人以上にのぼる。そのうちの約半数は船員だが、遣唐使には、トップ層の貴族から留学生《るがくしょう》、僧侶、その他さまざまな立場の人々が含まれていた。現地で唐文化に触れた有名無名の人々が、帰国後、ある者は政権の中枢で活躍し、ある者はそれぞれの分野で最新の唐文化を伝えていった。「百聞は一見に如かず」ともいうが、天平文化の特色は、この濃密な人的交流と直接的な文化移入にある［吉川二〇一四］。奈良時代の唐風化は、彼らの生きた在唐経験に基づくものでもあった。

また、日本から大陸に人が派遣されただけではなく、大陸から日本に渡来した人々もいる。日本に戒律をもたらした唐僧の鑑真《がんじん》はその一人である。鑑真とその一団は、仏教のみならず、医学知識なども含めたさまざまな面に影響を与えた。というよりも、当時の仏教は、現在のわれわれが思う以上に総合的な学問や知識をカバーしていたのである。

意外なところでは、彫刻史でも鑑真集団の存在は重要である。鑑真が開いた唐招提寺《とうしょうだいじ》には一群の木彫仏が伝わるが、制作には集団内の中国の工人が関与したと考えられている。鑑真らが紹介したカヤの一材から造られる木彫仏は、やがて平安初期の文化を代表する一木《いちぼく》造《づくり》の技法や思想につながっていく〔岩佐二〇〇四〕。

また鑑真は、天台宗《てんだいしゅう》の仏典を多く携えて来日した。のちに日本の天台宗の祖となる最澄《さいちょう》も、渡唐前にこれらを学んでいたことが知られる。平安時代の仏教も、奈良時代の仏教と無縁に登場したわけではない。近年では仏教史からも、奈良時代後半から平安時代初期をひと続きの時代として考えることが提唱されている〔上島《うえじま》二〇〇二〕。

このように最新の研究によって、特に奈良時代後半から平安時代初期にかけての文化は、これまで考えられてきた以上に連続する面が大きいことが分かってきたのである。

中国化する天皇

延暦《えんりやく》一三年（七九四）に桓武天皇が都を平安京に遷《うつ》すと、約四百年間続く長い平安時代が始まる。その最初の百年間が、古代日本でも特に唐風の文化が花開いた時代である。

この「唐風化」の背景には、桓武の個人的な事情も深く関係している。

桓武は父に光仁《こうにん》天皇を、母に高野新笠《たかののにいがさ》を持つ。しかし母の出自は渡来系で地位も低く、桓武の異母弟である他戸《おさべ》親王が聖武の娘の井上《いのえ》内親王を母に持つのと比べると、その血統の差は歴然としていた。このため、当初、桓武が皇位を継承する可能性はほぼ皆無であった。

ところが皇太子の他戸が母の罪に連座して廃されたことで、状況が一変する。皇位を継いだのは、このとき代わりに皇太子に立てられた桓武であった。とはいえ、本来であれば、聖武の血を引く他戸こそが正統であるというのが、貴族社会の大方の認識であっただろう。

加えて、奈良時代の天皇が天武《てんむ》天皇の皇統に属していたのに対し、光仁・桓武親子は天武の兄の天智《てんじ》天皇の子孫であった。桓武は奈良時代の皇統の本流からはやや遠いところに位置していたのである。

二度の遷都や東北の蝦夷《えみし》との戦争を行なった桓武には「強い」天皇のイメージがあるが、

それとは裏腹に、桓武はじつのところ、正統性に問題を抱えていた天皇でもあった。彼が中国の理想的な君主像を追い求めたのは、そのコンプレックスの裏返しでもあった。

　桓武が光仁から譲位されたのは、天応《てんおう》元年（七八一）四月のことであった。この年は干支で辛酉《しんゆう》にあたるが、中国では辛酉の年には天命が改まるとされていた。さかのぼること三カ月前の正月一日には、「天応（天が感応する）」という象徴的な年号に改められている（暦の操作により、この日の干支も辛酉にあたるようにされた）。元日改元は中国では例が多いが、日本ではこれ以外に例がない。中国色が濃い天応改元は、数カ月後の桓武への譲位をも見据えていた可能性が高いだろう。辛酉年に改元と即位を行なったのは、桓武が「天命によって即位する天皇」であることを印象づける意図があったとされる［清水一九九五］。

　中国の思想による権威づけは続く。延暦四年には、天の神である昊天上帝《こうてんじょうてい》を祀る祭祀が日本で初めて執《と》り行なわれた。唐とほぼ同じかたちで実施されたようだが、唐では昊天上帝とともに王朝の始祖である太祖《たいそ》や高祖《こうそ》が祀られるのに対し、日本では現天皇の父である光仁が祀られた。光仁を始祖とする新王朝の創設が意識されていたともされるが［瀧川一九六七］、近年では皇統全体を安定させる狙いもあったと考えられている［河内二〇〇〇］。このほかにも桓武は、遣唐使を介して得た最新の唐の学問を巧みに政治的に利用したことが分かっている［東野一九九九］。

ところで桓武は、どうして中国思想に造詣《ぞうけい》が深かったのだろうか。近年注目されているのが、桓武が若い頃、称徳朝に大学寮の長官を務めていた事実だ。大学寮で中国文化に触れた経験が、のちの桓武をつくったのではないかという［大隅二〇一五］。ここまで述べてきた奈良時代末期からの連続性という意味でも、興味深い指摘である。

桓武の唐風を好む路線は、子の平城《へいぜい》・嵯峨・淳和《じゅんな》、孫の仁明《にんみょう》の各天皇にも引き継がれた。

特に嵯峨の時代には、さまざまな面で唐風化が進む。弘仁年間（八一〇～八二四）には、宮廷儀式での立ち振舞いが唐風に改められ、その内容は『内裏式《だいりしき》』という儀式書にまとめられた［西本一九八七］。このほか宮城《きゅうじょう》の門の名称や衣服、人名にいたるまで、この時期に中国風に改められたものは数多い。

九世紀の天皇や貴族は漢詩を詠《よ》み、勅撰《ちょくせん》（天皇の命によって編纂《へんさん》されること）の漢詩集も編まれた。嵯峨の時代には、君主と臣下が詩文を介して交流する文芸世界が実現したのである。この背景には、魏《ぎ》の文帝《ぶんてい》の「文章経国《もんじょうけいこく》（文学は国を治めるために重要な事業である）」という理念があるとされる。また学問も重視され、多くの貴族の子弟が大学寮で学び、学者の地位も向上した。こうした大学振興策は、初唐を意識したところもあったらしい［滝川二〇二三］。

こうして九世紀には唐風化が一層進んだ。ここで一度、教科書の記述に立ち返ろう。よく読むと、平安初期の文化は「唐の影響」があると説明されることが多く、「中・晩唐の影響」とはあまり記述されないようである。ほかの文化ほどには同時代の唐の影響が強調されず、むしろ唐文化の消化という側面が重視されているようだ。この微妙な違いに、平安時代初期の「唐風化」と、奈良時代までの「唐風化」の違いを考えるヒントが隠されている。

続く最新の唐文化の受容

もちろん平安時代初期の文化にも、同時期の中唐《ちゅうとう》や晩唐《ばんとう》の影響が確実に認められる。延暦の遣唐使として入唐《にっとう》した最澄・空海《くうかい》が密教を伝えたことは有名だが、彼らに続く円仁《えんにん》ら入唐僧も、最新の唐の仏教文化を日本にもたらした〔榎本渉《わたる》二〇一〇〕。このため、九世紀の仏教美術には中・晩唐の影響がうかがえるという〔皿井二〇一二〕。

九世紀前半の唐風化の立役者である菅原清公《すがわらのきよきみ》（菅原道真《みちざね》の祖父）もまた、延暦の遣唐使の一員である。嵯峨の文化政策についても、同時代の唐の影響を受けている可能性が指摘されている〔李二〇一二〕。この時代でもなお、遣唐使の役割は大きい。

遣唐使は、承和《じょうわ》五年（八三八）にも派遣された。実質的に最後の遣唐使となったこの遣唐使については、かつては政治的な意義が小さいと見る向きもあった。しかし近年では、舞楽の導入など、学術・文化面での意義が評価されている［遠藤二〇二二］。

同じく承和年間までには伝来したことが確実なものに、中唐の詩人、白居易《はくきょい》（白楽天《はくらくてん》）の文学がある。彼の詩集『白氏文集《はくしぶんしゅう》』は、日本の文化に重大な影響を与えた。白居易の作風や表現は、日本の漢詩文を一変させたという［大曾根《おおそね》一九六三］［小島一九七六］。その影響は漢文学にとどまらず、和歌、物語文学、絵画にまで広く及んだ。

日本に輸入された最初期の白居易の詩集としては、円仁（承和の遣唐使）が持ち帰ったもののほか、唐商人や恵萼《えがく》という僧侶を介してもたらされたものもある。九世紀中頃には東アジアで国際交易圏が誕生しており、遣唐使に頼らずとも大陸との往来が可能となり、最新の文化も入手できるようになっていた。八世紀とは異なる国際環境が展開し始めていたのである。

より深い中国理解へ

しかし平安時代初期の「唐風化」は、同時期の唐文化が受容されるだけではない。たとえば桓武や嵯峨は、中国でも優れた君主として名高い初唐の皇帝、太宗《たいそう》を意識していたのではないかとされる［渡辺三男一九七九］［佐藤宗諄《そうじゅん》二〇〇二］［西本二〇一五］。個別の論点については検討の余地もあるが、九世紀の日本の天皇が、一五〇年以上も前の中国の皇帝を一つの模範としていたことは疑いない（ちなみに現在からすると、一五〇年前は清《しん》王朝末期である。これくらいの時代差と考えていただければ、イメージしやすいかもしれない）。

具体例を示そう。桓武が歴史書『続日本紀《しょくにほんぎ》』を完成させたことは、太宗が『晋書《しんじょ》』などの歴史書を編纂させた状況にも似る［遠藤二〇〇五］。実際、『続日本紀』の完成を天皇に報告した文章には、太宗が『晋書』編纂を命じた際の詔《みことのり》などを下書きにした形跡が多く見られるという［高松二〇一八］。

また歴史書は通常、天皇の死後か退位後にまとめられるものだが、『続日本紀』では、完成時点で在位していた桓武の治世についても記述されている。これは日本の歴史書では異例のことである。太宗も在位中に『今上実録《きんじょうじつろく》（太宗実録）』を編纂させており、この先例を桓武が意識した可能性がある［坂上二〇〇一］。

桓武や嵯峨は、法の整備や氏族の系譜の編纂を行なったことでも知られる。やはり中国をモデルとした政策だが、同時代の唐というよりは、太宗・高宗《こうそう》・玄宗《げんそう》といった、唐王朝前半の皇帝が行なってきた事業を目指したものと考えたほうが理解しやすい。

九世紀後半以降になると、太宗は理想的な君主として、日本で一層重視されるようになるようだ。嵯峨の曾孫の清和《せいわ》天皇の時代に、太宗の治世を代表する「貞観《じようがん》」という年号が日本の年号に採用されたことなどは、その最たるものといえよう。

ただし、九世紀の天皇が模範としたのが唐の皇帝だけではないことにも注意したい。興味深い事例として、嵯峨や淳和の薄葬《はくそう》思想がある。嵯峨は遺言で、自らの葬儀などを質素にするよう求めた。その中で、同じく薄葬を命じた漢《かん》の文帝《ぶんてい》、魏の文帝を「吾《われ》の師なり」と明言している。ここでは、唐よりもさらに前の王朝の中国皇帝である、漢・魏の二人の文帝が模範とされている。

ただし、この漢・魏の文帝の先例を嵯峨が自力で発見したかは微妙である。じつは唐でも歴代皇帝が薄葬を命じており、やはり漢の文帝の先例が重視されていた［洲脇《すわき》二〇〇九］［水口二〇二〇］。漢・魏の文帝はセットで言及される事例もあるから、嵯峨は、唐の薄葬思想を学ぶ中で漢・魏の文帝にたどり着いたのではないだろうか。唐文化を入口として、そこからさかのぼり、さらに深い中国文化の世界に入り込んでいくのが平安時代初期の「唐風化」である。特に思想面で、奈良時代以上に中国文化全体への理解度が深まったといえる。

中国文化に精通していたのは天皇だけではない。先述の通り、平安時代初期には、中下級貴族に加え、上級貴族の子どもたちも積極的に大学寮で学ばせる政策がとられた。若い頃に中国知識に親しんだ者の中には、文人官僚《ぶんじんかんりよう》として活躍する者も多い。彼らの存在もまた、唐風化を推し進めていく原動力となった。

こうした状況を背景として、九世紀には老子《ろうし》や荘子《そうし》の思想が流行する。中には老荘思想に魅了され、不老長寿を求めて仙薬を服用する者も現れた。嵯峨の息子の仁明天皇もその一人で、自ら薬を調合するほどに医学知識に長《た》けていたという。嵯峨・仁明親子は、中国皇帝も愛飲した秘薬、金液丹《きんえきたん》を服用したことが知られる。仙薬の知識自体は八世紀には入っていたが、実際の服用の記録は九世紀以降急増する。知識を実践に移していくのもこの時期の特徴である［小塩二〇二〇］。

加えて儀礼や法制度の唐風化という面では、九世紀後半の貞観年間（八五九～八七七）も重要である。儀礼の唐風化は、貞観年間に編纂された『儀式』に一つの完成を見る［大津一九九二］。法制度では、九世紀以降、律令《りつりよう》の補足・細則である格《きやく》・式《しき》が編纂され、ここに中国の法律体系である律令格式のかたちが整った［川尻一九九四］。このような唐風を志向する風潮は、九世紀末の宇多《うだ》天皇の時代頃まで続くとされる。

以上見てきた通り、奈良時代と平安時代初期（特に九世紀前半）の文化は連続しつつも、やはり質的には変化しているといえるだろう。平安時代には単に同時代の中国を模倣するだけではなく、同時代の文化からさかのぼって中国文化全体への深い理解が進んだのである。ところがおおよそ一〇世紀を境として、全面的に中国文化が取り入れられることはなくなっていくようである。その様相は四節以降で述べることとし、次節では「国風化」の諸段階を見ていくこととしよう。

三　「国風化」の諸段階

「国風暗黒時代」

ここからは「国風化」の諸段階について見ていく。話題の中心は平安時代以降となる。最初に、平安時代初期でもその前半期、唐風色の強い桓武や嵯峨を中心とする時期の状況を確認しておこう。この時期は『万葉集』と『古今和歌集《こきんわかしゅう》』の狭間《はざま》にあたり、和歌がほとんど残されていない。そのため、漢詩におされて和歌が不振な時代として、文学史では「**国《こく》風暗黒時代**《ふうあんこく》」と呼ばれることがある。

とはいえ、「国風暗黒時代」に和歌が詠まれなかったわけではない。わずかに残された手がかりから推測すると、内々の宴《うたげ》や天皇の行幸《ぎょうこう》先といった比較的私的な場では、きっかけがあれば和歌も楽しまれたようだ。ただし奈良時代とは異なり、和歌が公的な場で詠まれることは少なくなっていく［北山二〇一五］。

こうした時代を経て生まれたのが、国風文化である。一般的に国風文化は一〇世紀以降の文化とされるが、九世紀に突然唐風化したのではないのと同じように、国風文化も一〇世紀にいきなり生まれたわけではない。近年ではその萌芽期として、承和《じょうわ》年間（八三四〜八四八）を中心とする仁明《にんみょう》天皇の治世に注目する研究が増えてきている。

萌芽期としての承和年間

承和年間が国風文化の萌芽期とされる理由はいくつかある。文学史では、この時期に和歌が再び表舞台に現れ始めることが重視されてきた。仁明朝には、大嘗会《だいじょうえ》で和歌が献上されたり、仁明の四〇歳を祝う長歌《ちょうか》の中で和歌の伝統が主張されたりするようになる。『古今和歌集』で名前の知られる古い時期の歌人の活動が見え始めるのも、承和年間前後だ。国風文化につながる和歌の世界が、この頃に芽生え始めるのである［山口一九八二］。このほか『白氏文集』の伝来、音楽制度の再編、宮廷行事の整備など、承和年間頃の変化は平安中期以降に多く継承された［後藤一九八二］［遠藤二〇二二］。

承和年間の文化動向が一〇世紀以降に継承されていくのはなぜなのだろうか。理由は一つに絞れるものではないが、ここでは光孝《こうこう》・宇多親子に特有の問題に注目してみたい。

仁明の後、皇位は子孫の文徳《もんとく》・清和・陽成《ようぜい》へと直系で継承されていった。しかし仁明の曾孫の陽成が一七歳で退位させられると、皇位は仁明の皇子で五五歳の光孝に回ってきた。世代が大きく逆行する、明らかに異例の即位である。

こうした事情に配慮してか、光孝は子どもたちを皇籍から外し、臣下として扱うこととした。宇多もこのとき皇籍から離れたが、光孝の死の直前に親王に復帰、翌日天皇になる。一度臣籍に下った人物が即位するのもまた、異例であった。

このように光孝・宇多は、文徳以降の皇統から見れば傍流《ぼうりゅう》であり、即位事情も異例続きだった。血統の正統性に弱点のある天皇は、別のものに正統性を求める。桓武の場合はそれが中国の天命思想であり、光孝・宇多の場合は、仁明の政治文化を継承することだった。

文徳・清和・陽成の三代の時期には、病弱や未成年という理由により、天皇が政務・儀式に現れないことが増えていった。それでも政治は回っていたのだが、しかし、やはりこれは正当なあり方とは認識されなかったのであろう。久々の成人天皇として即位した光孝は、いくつかの政務・儀式を仁明以前の時代のあり方に戻し、政務・儀式の場にも積極的に姿を見せた。これにより、統治者としての正統性を示そうとしたのである［神谷一九九〇］。

光孝はほかにも、仁寿殿《じじゅうでん》の庭の趣向を承和の時代の様相に改めさせるなど、直接政務に結びつかない部分でも父の時代に倣っている。この後も光孝の孫の醍醐《だいご》天皇の頃までは、儀式の運営などで承和の先例が重視されていたことが史料から確認できる。

九世紀後半の文化とその位置づけ

承和の後、「国風化」はどのように展開していくのだろうか。

ひらがなは、九世紀半ばから後半にはその原形が確認される。もっとも、従来仮名は国内で発達したと考えられがちであったが、大陸からの影響も考えていく必要がある。仮名の出土品は現在も各地で報告されており、注目される分野である。

和歌もこの後、ますます多くの作例が知られるようになる。『古今和歌集』を開くと、在《あり》原業平《わらのなりひら》など、九世紀後半に活躍した歌人の名前を多く見つけることができる。和歌も白居易の詩などの影響を受けながら、技巧的な表現が発展していく［小島一九七六］。

かぐや姫でおなじみの『竹取物語《たけとりものがたり》』も、九世紀後半から一〇世紀前半頃に創作されたと考えられている。今では日本の昔話という印象が強いが、じつは中国の神仙知識をふんだんに取り込んでいる［渡辺秀夫二〇一八］。仮名の物語はこのようなところから始まった。

絵画の分野はどうか。この時期の作品はほぼ現存しないが、屏風《びょうぶ》の絵を詠んだ歌や屏風に書きつけた歌が多く残されており、ここから失われた屏風絵の様子を探ることができる。

古いものでは、文徳天皇が目にした、滝を描いた屏風絵や、清和天皇のキサキの藤原高子《ふじわらのたかいこ》のもとにあった、竜田川（奈良県の紅葉の名所）に紅葉が流れる様子を描いた屏風絵の存在が知られる。これらは九世紀中頃から後半の事例である。屏風絵に和歌を書きつけることも、九世紀末の宇多の時代には確実な事例を認めることができる［田島二〇〇七］。

このうち竜田川の絵は、中国を題材にした「唐絵《からえ》」とは異なり、日本の題材を描いた「やまと絵」と見てよいだろう。もっとも、絵画技法は一〇世紀頃に変化するとされているから［佐野一九九五］、一〇世紀以降と九世紀後半の屏風絵とではやや趣が異なっていた可能性はある。しかしいずれにせよ、やまと絵にしても、一〇世紀に最盛期を迎える屏風歌にしても、源流は九世紀後半にある。

左右二組に分かれて歌や物を合わせて競う、歌合《うたあわせ》、物合《ものあわせ》といった文化的な遊戯も、国風文化の時代には盛大に行なわれた。現在知られる早い例は、在原業平の兄の在原行平《ありわらのゆきひら》の家で開催された民部卿家《みんぶきょうけ》歌合である。やはり九世紀末のことだ。

このように、いわゆる日本的とされる要素は、九世紀中頃にはまだ萌芽的だが、後半になると、かなり明確に一〇世紀以降へと連続する部分が強くなってくる。

ここで問題にしたいのが、平安初期の文化の位置づけである。

前節で見てきた通り、「唐風化」という観点からすると、八世紀中頃を前段階として九世紀前半に大きく唐風化し、その流れは九世紀末まで続く。ここを重視するのならば、九世紀はひと続きの文化といえよう。一方で「国風化」という観点からすると、九世紀中頃を萌芽期とし、九世紀後半の流れは一〇世紀以降につながっていく。

つまり九世紀後半の文化は、「唐風化」という観点では九世紀前半から続く流れの上にあるが、「国風化」という観点では、九世紀前半よりもむしろ一〇世紀以降へのつながりのほうが強い。とするならば、九世紀前半の弘仁文化と九世紀後半の貞観文化をまとめて、唐の影響の強い「弘仁・貞観文化」というひとくくりの文化としてよいものか、迷いがないではない。ここまで基本的に「弘仁・貞観文化」でも「唐風文化」でもなく、「平安初期の文化」と記述してきた理由はここにある。

こうして九世紀後半には「唐風化」「国風化」の異なる流れが展開していく。その行き着く先は、九世紀最末期の宇多朝である。最近の国風文化論でも重視されている時代である。

和漢が並び立つ宇多の時代

宇多の時代は、中国の年中行事が取り入れられ、菅原道真ら学者が重用されるなど、唐風志向が続いていた。一方で、この頃から和文化への関心が一段と高まってくるらしい。

これに関わり注目されているのが、この時代に私的な領域が拡大してくることである。

宇多の時代には、天皇の私的な側近の政治的役割が拡大していくとされる［古瀬一九八七］。きわめて単純に説明してしまうと、私的なものが公的な場に進出していく、という大きな時代の流れがあったといえる。これに文化動向も連動していく。

たとえば『古今和歌集』の歌人群を分析すると、宇多・醍醐親子の近臣やその縁者の歌が多く採られているという。天皇周辺という私的な場で詠まれてきた和歌が、『古今和歌集』という醍醐天皇の命によって編まれた和歌集にまとめられることで、公的な位置づけを認められていくようになる、と考えることができる［川尻二〇〇八］。

別の角度からも私的な領域の拡大が確認できる。九世紀半ば頃に律令制本来の国家的な給与体系が崩壊し始めると、中下級官人は有力貴族の家に個人的に奉仕することに生き残る道を見いだすようになる［吉川一九八九］。こうして社会で「家」の存在感が増していく中で、宇多の時代には天皇の「家」の年中行事が増加していく。和歌や日本古来の音楽が楽しまれたのは、こうした私的な「家」の行事においてであったという。天皇の「家」の行事の拡大にともない、和歌は内裏で詠まれる機会も増え、ある程度公的に認められる存在になっていく［佐藤全敏《まさとし》二〇二二］。

ここで「ある程度」としたのには、理由がある。しばしば勅撰の『古今和歌集』によって和歌は公的な地位を得ると説明されるが、事はもう少し複雑なのだ。実際のところは、この頃になっても公的であるのは漢詩文であり続け、和歌は公的なものとしては格が劣るとされたという［滝川二〇〇七］。勅撰和歌集の編纂によってたしかに和歌の地位は向上し、漢詩文に並びうるものへと成長していくが、漢詩と和歌とはまだ完全に同格ではなかった。

宇多の私的な周辺では、ほかにも注目すべき文化動向が見られる。それが、和と漢を並び立てる試みである［新間《しんま》二〇一二］。たとえば菅原道真撰とされる『新撰万葉集《しんせんまんようしゅう》』は、同時代の歌合の和歌に漢詩を添えたもの、大江千里《おおえのちさと》の『大江千里集（句題和歌《くだいわか》）』は、既存の漢詩の句を題として和歌を詠んだものである。方向性は真逆だが、いずれも和歌と漢詩を対にした文芸作品である。両書の成立には、宇多の関与があったことが知られる。

次節で述べる通り、国風文化の特徴は和と漢が並び立つことである。とすれば、こうしたあり方が現れ始める宇多朝は、一つの重要な時期といえそうである。

宇多朝頃にこうした変化が生じたのはなぜだろうか。宇多個人の好みもさることながら、より大きな時代の流れとしては、唐が弱体化してきたことで（九〇七年に滅亡）、日本の貴族社会の価値観が変動したという考え方が提示されている。唐の衰亡を目のあたりにした貴族たちは、かつてのように中国を絶対的な規範とすることがなくなっていった、というのである。九世紀末から一〇世紀初頭を日本の転換期と見る研究者には、唐の衰亡を重視する人も多い［佐藤全敏二〇〇八、上島二〇一〇など］。

加えて、日本の学術レベルが向上して、ある程度中国に肩を並べたという意識が生まれてきたことも重要だろう。たとえば昌泰《しょうたい》三年（九〇〇）に道真が菅原家三代の漢詩集を醍醐天皇に献上したが、このとき醍醐は、「白居易の詩風にも勝るところがある」「菅原家の漢詩を得たからには、白居易の詩集はもう開かなくなるだろう」と賞賛している。割り引いて考える必要はあろうが、のちに道真らの漢詩集や小野道風《おののみちかぜ》の書跡を中国に広めることが計画されたことなども考えると、この頃には日本の漢詩文や書跡は中国にも認められうるレベルだという自信、もしくは願望が育ってきていたようだ。

もっとも、中国は長らく絶対的な権威であったから、ここから直ちに日本が中国に「勝る」というような認識にはならなかったと考えられる。それでも九世紀末までには、日本と中国を並べることにそれほど違和感をおぼえさせない状況が、日本国内では生まれていた。

このような宇多朝を経て、いよいよ国風文化が本格的に展開していく一〇世紀を迎える。

四　国風文化をめぐる誤解

古い国風文化理解

冒頭でも述べた通り、かつて国風文化は、宇多天皇の治世の寛平六年（八九四）の遣唐使廃止を契機として生まれたと説明されていた。遣唐使がなくなり中国文化が入ってこなくなることで、日本独自の文化が芽生える、と考えられてきたのである。

今でも根強い理解かもしれないが、じつはこの説は、遅くとも一九七〇年代には否定されていた〔村井一九七六〕。近年では教科書の記述も改められてきている。国風文化は、日本史の教科書の中でも、ここ数十年で特に大きく記述が変わった箇所の一つである。

この古い理解には、幾重もの誤解が含まれている。それを一つずつほぐしていこう。

寛平六年の遣唐使の「廃止」をめぐる誤解

まずは、「寛平六年の遣唐使の廃止によって、中国文化が入ってこなくなる」ことを契機と考えるのが、大きな誤りである。この箇所には、さらに二つの誤解が含まれている。

一つ目として、遣唐使は寛平六年に「廃止」などされていない。廃止説の根拠は『日本紀略《にほんきりゃく》』の「其《そ》の日、遣唐使を停《や》む」という記事だが、「其の日」とは現代語の「某日」に近い用法で、特定の日に遣唐使計画が中止されたとはいえないのである〔石井一九九〇〕。事実、この後も遣唐使の長官であった菅原道真らは遣唐使の肩書を使い続けている。

この頃たしかに道真は、計画の見直しを提言してはいるが、計画の中止が決定されたわけでも、ましてや未来の遣唐使の派遣を含めて廃止することが決まったわけでもない。実際のところは、さまざまな要因で、計画が実行されずじまいに終わったようである。「白紙（＝八九四《はくし》）に戻す遣唐使」という語呂合わせは、現在では成り立たない。

二つ目として、遣唐使がなくなっても、中国文化が入らなくなったわけではない。この時期には海商《かいしょう》が多数往来しており、遣唐使を介さずとも、大陸から唐物《からもの》と呼ばれる品々を輸入することができた。輸入量はむしろ遣唐使の時代よりも増大したと考えられている。渡航を希望する僧侶は、こうした商人の船を利用して中国に渡ることもできた〔榎本渉二〇一〇〕。貴族たちも、海商や僧侶から最新の中国（唐の滅亡後、五代十国の時代を経て宋《そう》が中国を統一する）の情報を得ることができた〔山内二〇一二〕。このように九世紀末の段階では、遣唐使の存在意義はかなり低下していたのである。

以上を踏まえると、寛平六年の遣唐使をめぐる一連の動きをきっかけとして文化状況が一変したとは考え難い。前節で確認した通り、国風文化につながる要素は、それ以前の九世紀後半の段階で、すでにかなりはっきりと姿を現していたことを思い出していただきたい。

もっとも、寛平六年の一件はそれほど重要でないにせよ、遣唐使という国家間の公的な使節がなくなること自体は、文化動向に少なからぬ影響を与えたものと考えられる。

それは、かつてのような体系的な文化移入が難しくなり、文化が断片的にもたらされるようになることを意味する〔東野二〇〇七〕。交易や仏教界の交流は続くが、日宋間で国家同士の正式な外交は開かれなかった。このため日本では、仏教世界の文物を受容しても、宋皇帝が作り上げた文物の世界が受容されることはなかった。同時代の遼《りょう》や高麗《こうらい》と比べると大きな違いである［塚本二〇一六b］。高麗が宋を規範としていくのに対し、平安時代の日本が宋文化を全面的には受け入れず、むしろ唐文化にこだわり続けた一因と考えられる。

また、正式な使節がなくなることは、ほとんどの日本人にとって中国に赴《おもむ》く機会が失われたことも意味する。一〇世紀以降、官人層の誰も本当の中国を見たことがない時代が始まる。数百人規模の日本人が中国に渡った時代とは、やはり状況は異なっている。この時代も大陸との交流は続くが、遣唐使の時代とは質的な差があることに留意しておきたい。

国風文化は純和風の文化であるという誤解

次いで、そもそも国風文化は和一辺倒《いっぺんとう》の文化なのか、という問題がある。同様のことは、それ以前の唐風文化にもいえる。

先述の通り「国風暗黒時代」にも和歌の伝統が途絶えたわけではないし、九世紀に儀式や服装が唐風化するといっても、神事などでは古くからの日本的なあり方が残されたことが分かっている［西本二〇一五など］。何もかもが唐風化したわけではないのである。

また唐を模倣するといっても、日本側で取捨選択したり、日本の実情に合うように改変したりしている。これを「国風化」というのならば、それは九世紀以前の日本でも常に行なわれてきたことではある。あたり前ではあるが、唐風文化の時代にも日本的な要素は存在した。

一方の国風文化も、よく指摘されることだが、唐物《からもの》は珍重され続けるし、仮名文学にも中国文学の影響は大きい。男性貴族にとっては、漢詩文の知識は必須の教養であり続けた。

特に唐物については、近年研究が大きく進んだ。唐物は広い階層に行きわたり、貴族の生活に不可欠の存在となっていった［榎本淳一一九九七など］。唐物は現代のブランド品のようにあこがれの高級品でもあったが、香りを楽しむ薫物《たきもの》の文化のように、原材料は輸入に頼るが調合法は日本で発展するといった、和漢融合の文化も生まれていった［河添二〇一四］。

このように、国風文化の時代にあっても中国文化はなお尊重されていたし、影響を与え続けていた。少なくとも国風文化を素朴に純和風の文化とみなすことは明確な誤りである。

以上の通り、国風文化に関する古い理解は、いくつもの意味で成立しなくなっている。国風文化は、九世紀までに入っていた中国文化の消化・吸収の上に成り立つ文化であり、唐物の愛好のように同時代の大陸の文物も入ってきている。その上で、従来以上に日本的な要素にも価値を見いだすようになる文化である、というのが現在の一応の共通理解だろう。

五　〝「唐風文化」から「国風文化」へ〟は成り立つのか

こうして見ると、「唐風文化」から「国風文化」へ、という古代日本の文化の流れの理解も、現在の研究段階からすると単純に過ぎるのかもしれない。この点をより深く考えるために、国風文化の和漢構造、そして当時の中国文化の実態について、やや丁寧に見ていきたい。

国風文化の中の和漢構造

前節の宇多の時代の箇所でも触れた通り、近年の理解では、国風文化は純和風ではなく、中国の文化と和の文化、すなわち和漢が並び立つ文化と考えられている［大津二〇〇一］［吉川編二〇二二］。それでは和と漢は、どのようなかたちで並び立っていたのだろうか。

象徴的な例を示そう。この時代、唐絵《からえ》と呼ばれる中国を題材にした絵画と、やまと絵と呼ばれる日本を題材にした絵画が存在した。どちらも内裏空間を飾ったが、唐絵はハレ（晴）

の空間に、やまと絵はケ（褻）の空間に描き分けられているという［千野《ちの》一九九三］。

文字の使い方はどうだろうか。国風文化といえばひらがなの印象が強いかもしれないが、政務の文書や男性の日記（政務や儀式のあり方を子孫に伝えることを主な目的としており、公的な性格が強い）では、漢文が使われ続けた。一方で、和歌集や女性による日記文学、あるいは歴史物語といった仮名で書かれた書物を開くと、じつは男性も物語を読み、私的な交友関係の中では多くの和歌を詠んでいたことが知られる。

ただしこうした事柄は、男性の日記にはほとんど記されない。もっとも、遊覧先や宴席での和歌は書き留められることもある。「この世をば〜」で有名な藤原道長《ふじわらのみちなが》の望月の歌が今に伝わるのも、宴席での歌を藤原実資《ふじわらのさねすけ》が自身の日記『小右記《しょうゆうき》』にしたためたからである。

逆に、政治や政務の詳細については、歴史物語であっても記述は避けられる傾向にある。このように、記される内容や場によって漢字と仮名は使い分けられていた。大きく見れば、公的な場では漢字が、私的な場では仮名が使われていたといえよう。重要なことは、そのどちらもが平安時代の社会を構成していたことである。

つまり和漢は並び立っていたが、漢は公的、和は私的という役割が振り分けられていた［吉川二〇一〇］。和の地位も上昇し、親しみを以て愛好されるが、完全に正規の場には上がれず、建前としては漢を尊重し続ける。これが国風文化のやや屈折した和漢構造である。

したがって、多くの人が思い描いているであろう国風文化のイメージは、こうして並び立つ和漢のうちの、和の部分のみを大きく切り取ったものといえる。だが、繰り返しになるが、実際は和漢のどちらもが当時の文化を構成していたのである。

中国文化の実態① 最新の文化

じつは、公的な部分を占めていた中国文化についても、その内実は複雑である。

近年の研究によって、この時期にも僧侶らを介して呉越《ごえつ》や宋の最新文化がもたらされ、受容されたことが分かってきている〔西本二〇一五〕。たとえばこうした僧侶の一人、日延《にちえん》が持ち帰った典籍は、慶滋保胤《よししげのやすたね》の『日本往生極楽記《にほんおうじょうごくらくき》』や源信《げんしん》の『往生要集《おうじょうようしゅう》』などに影響を与えたことが知られる。これらの書物が摂関期以降の思想に及ぼした影響は大きい。

ただし、受容のあり方は以前ほどストレートではない。ここでは、国風文化の時代の国際交流の事例として教科書でも取り上げられる、奝然《ちょうねん》という僧侶について詳しく見てみよう。奝然は、この時代の中国文化受容の実態を考える上で象徴的な人物といえるからである。

奝然は永観《えいかん》元年（九八三）に宋に渡り、日本の皇族や上流貴族の援助も受けながら仏教の聖地をめぐり、ときの皇帝・宋の太宗にも謁見《えっけん》した。七宝合成塔《しっぽうごうせいとう》、版本大蔵経《はんぽんだいぞうきょう》、釈迦如来《しゃかにょらい》立像《りゅうぞう》など、太宗の文化事業を象徴する文物［塚本二〇一六a］を携えて帰国した彼は、当初多くの人々に歓迎された。

問題はこの後である。当時の日本は、宋を含む新しい東アジア諸国のいずれとも正式な国交は持たない、という立場をとっていた［渡邊二〇二三など］。このような事情もあり、僧侶を通じて接触を図ろうとする宋側の政治的な思惑を感じ取ったのか、日本の朝廷は次第に奝然に対して慎重な態度を取り始めるのである。奝然が目指したのは宋仏教の導入だったようだが、国内の既存の仏教との摩擦もあり、その希望は部分的に認められたものの、全体としては挫折に終わったと考えられている［上川二〇〇二］［横内二〇〇六］［手島二〇一四］。

それでは、奝然が持ち帰った貴重な文物はどうなったのだろうか。

七宝合成塔の行方はよくわかっていない。版本大蔵経は、摂関家にゆかりの深い法成寺《ほうじょうじ》の経蔵《きょうぞう》に秘蔵されて威信財《いしんざい》としての役割を果たしたが、火災によって焼失したと見られる。平安後期以降の大蔵経の中には、この大蔵経を原本とする経典が含まれていることも知られている。ただしあくまでも利用は部分的にとどまると考えられ、朝廷が、宋皇帝の権威性をまとった大蔵経を全面的に活用したと評価することは難しそうである［牧野二〇〇八］。

奝然は、仏画も多くもたらした。これらをもとにした可能性が高い作例も、複数現存している［奥二〇〇九］。また近年明らかにされた事例として、奝然が持ち帰った『感通賦《かんつうふ》』という書物が、院政期の貴族社会でも活用されていたことが指摘されている［後藤二〇二二］。

中でも有名なのは京都・嵯峨野の清凉《せいりよう》寺《じ》に伝わる釈迦如来立像だろう。一一世紀末以降、これを模した像が多く作られるが、この独特の造形は、国風文化の時代には受容されなかった。

それでは当時の文化に影響を与えなかったのかというと、そうともいえない。奝然が持ち

図5－1　清凉寺釈迦如来立像

中国・北宋時代、雍熙2年（985）。奝然請来。
［板倉編2015］

帰った釈迦如来立像の異国風の造形は、貴族たちに強烈な印象を与えたようだ。近年の研究によれば、その強いインパクトの反動として、白鳳時代の国内の古仏の見直しや研究が進んだという［奥二〇〇九］。こうした日本の古い要素を再構成し、部分的には新しい中国の造形も取り交えながら、有名な宇治の平等院鳳凰堂《びょうどういんほうおうどう》の造形が出来上がっていく［皿井二〇二一］。選択的かつ屈折したかたちではあるが、奝然がもたらした文物は国風文化にも影響を与えているのである。

このように同時代の中国文化は、たしかに国風文化にも影響を与えた。しかしそれは、九世紀以前のあり方と比べれば選択的であり、直接的ではなくなっていたことが分かる。

中国文化の実態②　唐以前の文化

呉越や宋といった同時代の中国文化だけでなく、過去の王朝である唐以前の文化も重視され続けた。全体を見れば、むしろこちらの方がメインだったといってよいだろう。

たとえば『枕草子《まくらのそうし》』には、男性官人と女房の知的なやりとりが多く記されており、当時の貴族の中国の書物（漢籍《かんせき》）についての豊かな教養のほどが知られる。『枕草子』や『源氏《げんじ》物語《ものがたり》』に漢籍の影響があることは比較的よく知られるが、程度の差はあれ、ほかの仮名文学も同様である。もっとも漢籍由来の表現は自然な日本語の表現へとやわらげられており、こうした知識がもはや日常語の一部となっていることを感じさせる。これらの中国知識は、おおむね承和年間以前に入ってきた漢籍、つまりは唐代以前の書物によって成り立っていた［小塩二〇一七］。

ここで注意したいのは、清少納言《せいしようなごん》らの教養は、基本的には漢学の入門書（幼学書《ようがくしよ》）の範囲を超えていないことである。しばしば清少納言が特別高い知識を持っていたかのように語られがちであるが、そうでないことは文学研究ではほぼ定説となっている［中島二〇二〇］。

それでは彼女たちは、どのようにして知識を得ていたのだろうか。

この時期、中国知識は広い層に浸透していくが、皆が難解な漢籍の原典を読みこなせたわけではない。男性の場合、まずは幼学書（『千字文《せんじもん》』『蒙求《もうぎゆう》』など）を通して、いわばダイジェストのかたちで漢籍を学習した。もう少し大人になれば、専門的な学習も行なわれた。女性の場合、どこまで本格的な漢籍学習を行なったかは不明だが、少なくとも女房として娘を出仕させるような階層の家であれば、『千載佳句《せんざいかく》』『和漢朗詠集《わかんろうえいしゆう》』といった名句集に収められた漢詩の知識をはじめ、ある程度の専門的な知識を身につけることは可能であったはずだ［野田二〇二〇］。紫式部《むらさきしきぶ》が弟よりも先に漢文の内容を覚えてしまったのは、有名な話である。

加えて、貴族の日常会話には漢籍の知識が含まれていたし、中国を題材にした絵画や物語も存在したから、ある程度は自然に中国知識を得ることができた。

もっとも、原典ではない孫引きによる学習自体は、古くから行なわれていたことである。中国には類書《るいしょ》と呼ばれる百科事典的な書物があり、項目ごとに多様な漢籍の一部が引用されていた。奈良時代以来の知識人は、こうした類書から適切な表現を学んで作文していたのである。九世紀になると日本でも類書が作られるが、これらが専門的で巻数も多いのに比べ、国風文化の時代の貴族の一般教養となった書物は、より手軽で実用的なものであった。

一〇世紀になると、それまで日本で蓄積されてきた膨大な量の知識が、収集・整理されるようになる。これにより、唐以前の中国文化は、当時の日本の価値観に沿って再整理され、ある種固定化された［木村一九九七］。先に挙げた『千載佳句』はその一例で、中国や新羅《しらぎ》の漢詩文から優れた句を撰んだものである。漢詩と和歌の秀作を撰んだ藤原公任《ふじわらのきんとう》撰の『和漢朗詠集』は、のちには幼学書としても読み継がれる。『古今和歌集』や『源氏物語』をしのぐ数の平安時代の古写本が現存する、まさに国風文化を代表する古典である［三木二〇〇一三］。平安中期の仮名文学で引用される漢詩の多くは、これらの範囲に含まれる。平安貴族の教養とは、基本的にはこうした一〇世紀から一一世紀初め頃の整理によって再構築された中国知識であり、国風文化もこの上に成り立つものであった。

以上の通り、一〇世紀以降の日本における中国文化の実態は、大きく二つに分別される。一つは最新の中国文化、もう一つは九世紀までに入ってきた唐以前の中国文化である。前者は必要に応じて採り入れられ、国内の中国知識がアップデートされていった。後者は日本に適したかたちで再整理され、「日本の中の中国文化」の根幹を構成した。

こうして見ていくと、中国文化の影響が続くとはいっても、同時代の中国文化をひたすら模倣しようとした八世紀とも、目指すべき理想像に向かって中国化を進めていく九世紀とも、やはり状況が異なるように思われる。一〇・一一世紀には、それまでに受け入れてきた中国文化を日本化しながら尊重し続け、最新の中国文化を受容するにしても、選び取る側の主体性が一層強くなる。どちらの動きでも「日本」という面が強くなっているといえるだろう。

あらためて和の文化に注目する

ここまで、国風文化の時代の中国文化の様相について詳しく見てきた。

中国文化の受容の仕方の変化、和漢並立という文化構造の変化、そして漢を尊重しつつも和を肯定していくという意識の変化に目を向けると、九世紀以前と一〇世紀以降では、文化動向が国内志向へと大きく変化したといえるだろう。したがって、やはり大きな流れとしては、「唐風文化」から「国風文化」へという見方はなお有効だ、というのが本章の結論である。ただしそれは、単純に唐一辺倒の文化から和一辺倒の文化へと転換する、という古い理解のままの意味では決してないことは、改めて強調しておきたい。

とはいえ、やはり国風文化といえば、やまと絵や仮名文学の印象は強い。実際、それらが国風文化の大きな特色であることは確かだ。

ただし、何度か述べてきた通り、さまざまな面で和の要素が強まる国風文化とはいえ、当時の和の文化は、格としては漢の文化に一歩譲《ゆず》っているところがあった。特に「そらごと」である物語に関しては、女性や子どもを中心に多くの読者を得ていたことは確かだが、少なくともそれらは当初、漢籍のように研究の対象となるようなものではなかったはずである。

ところが『源氏物語』などは、平安時代末期以降、膨大な数の注釈書が現れる。当初は和歌の学習のためだったにせよ、仮名の物語文学が「研究されるべき対象」へと変わっていくのである。ここに、国風文化の時代ともまた異なる和の文化へのまなざしを見てとれないだろうか。現在のわれわれが「国風文化は和の文化である」という印象を強く持つ理由の一つには、国風文化のうちの和の要素を尊重して継承し、発展させていった、その後の日本の文化の展開も絡《から》んでいるのではないかと思われる。
現在われわれが思い描く日本文化の姿とは、はたしてその時代そのままの文化のあり方なのかどうか。それとも後世の人による色づけが多分になされたものなのだろうか。これもまた考えていかなくてはならない問題である。やはり文化史は難しいのである。

参考文献（※一般向けの書籍を優先させたところがある）

石井正敏「いわゆる遣唐使の停止について」（『石井正敏著作集2　遣唐使から巡礼僧へ』勉誠出版、二〇一八、初出一九九〇）
板倉聖哲責任編集『日本美術全集6　テーマ巻1　東アジアのなかの日本美術』（小学館、二〇一五）
岩佐光晴『日本の美術457　平安時代前期の彫刻』（至文堂、二〇〇四）
上島享「平安仏教」（吉川真司編『日本の時代史5　平安京』吉川弘文館、二〇〇二）
上島享『日本中世社会の形成と王権』（名古屋大学出版会、二〇一〇）
榎本淳一「「国風文化」の成立」（『唐王朝と古代日本』吉川弘文館、二〇〇八、初出一九九七）
榎本淳一「藤原仲麻呂政権における唐文化の受容」（木本好信編『藤原仲麻呂政権とその時代』岩田書院、二〇一三、初出二〇一二）

榎本渉『僧侶と海商たちの東シナ海』（講談社、二〇一〇）※二〇二〇年に講談社学術文庫
遠藤慶太「『晋書』および『続日本紀』」（『平安勅撰史書研究』皇學館大学出版部、二〇〇六、初出二〇〇五）
遠藤慶太『仁明天皇』（吉川弘文館、二〇二二）
大曾根章介「王朝漢文学の諸問題」（『大曽根章介　日本漢文学論集　第一巻』汲古書院、一九九八、初出一九六三）
大隅清陽「桓武天皇」（石上英一・鎌田元一・栄原永遠男監修、吉川真司編『古代の人物4　平安の新京』清文堂出版、二〇一五）
大津透「天皇制唐風化の画期」（『古代の天皇制』岩波書店、一九九九、初出一九九二）
大津透『日本の歴史06　道長と宮廷社会』（講談社、二〇〇一）※二〇〇九年に講談社学術文庫
奥健夫『日本の美術513　清凉寺釈迦如来像』（至文堂、二〇〇九）
小塩慶「国風文化期における中国文化受容」（『史林』一〇〇―六、二〇一七）
小塩慶「九世紀前半における医療の転換」（『日本歴史』八六一、二〇二〇）
小塩慶「「国風文化」はいかに論じられてきたか」（有富純也・佐藤雄基編『摂関・院政期研究を読みなおす』思文閣出版、二〇二三）
上川通夫「奝然入宋の歴史的意義」（『日本中世仏教形成史論』校倉書房、二〇〇七、初出二〇〇二）
神谷正昌「九世紀の儀式と天皇」（『平安宮廷の儀式と天皇』同成社、二〇一六、初出一九九〇）
川尻秋生「平安時代における格の特質」（『日本古代の格と資財帳』吉川弘文館、二〇〇三、初出一九九四）

川尻秋生『日本の歴史四　揺れ動く貴族社会』（小学館、二〇〇八）
河添房江『唐物の文化史』（岩波新書、二〇一四）
北山円正「国風暗黒時代の和歌」（北山円正・新間一美・滝川幸司・三木雅博・山本登朗編『日本古代の「漢」と「和」』勉誠出版、二〇一五）
木村茂光『「国風文化」の時代』（青木書店、一九九七）※二〇二四年に「読みなおす日本史」シリーズ（吉川弘文館）
河内春人「日本古代における昊天祭祀の再検討」（『古代文化』五二―一、二〇〇〇）
小島憲之『古今集以前』（塙書房、一九七六）
後藤昭雄「承和への憧憬」（『平安朝漢文學史論考』勉誠出版、二〇一二、初出一九八二）
後藤昭雄「呉越と平安朝の漢学」（瀧朝子編『呉越国』勉誠出版、二〇二二）
坂上康俊『日本の歴史05　律令国家の転換と「日本」』（講談社、二〇〇一）※二〇〇九年に講談社学術文庫
佐藤宗諄「長岡遷都の一背景」（『日本史研究』四六一、二〇〇一）
佐藤全敏「古代日本における「権力」の変容」（『平安時代の天皇と官僚制』東京大学出版会、二〇〇八）
佐藤全敏「国風文化の構造」（吉川真司編『シリーズ古代史をひらく　国風文化』岩波書店、二〇二一）
佐野みどり「王朝の美意識と造形」（『風流　造形　物語』スカイドア、一九九七、初出一九九五）
皿井舞「国風文化期の美術」（吉川真司編『シリーズ古代史をひらく　国風文化』岩波書店、二〇二一）
清水みき「桓武朝における遷都の論理」（門脇禎二編『日本古代国家の展開　上巻』思文閣出版、一九九五）

新間一美『『新撰万葉集』の成立と意義」（『国文学　解釈と鑑賞』七六―八、二〇一一）
洲脇武志「漢の文帝遺詔と短喪制の行方」（『漢書注釈書研究』游学社、二〇一七、初出二〇〇九）
高松寿夫「『続日本紀』に関わる二つの上表文から編纂者の文筆をうかがう」（瀬間正之編『古代文学と隣接諸学10　「記紀」の可能性』竹林舎、二〇一八）
滝川幸司『天皇と文壇』（和泉書院、二〇〇七）
滝川幸司「国を経め家を治むるに文より善きは莫し」（『国語国文』九二―一二、二〇二三）
瀧川政次郎「革命思想と長岡遷都」（『法制史論叢第二冊　京制並に都城制の研究』角川書店、一九六七）
田島智子『屏風歌の研究』（和泉書院、二〇〇七）
千野香織『岩波日本美術の流れ　10―13世紀の美術』（岩波書店、一九九三）
塚本麿充a「北宋初期三館秘閣の成立とその意義」（『北宋絵画史の成立』中央公論美術出版、二〇一六、初出二〇一一・二〇一二）
塚本麿充b「北宋三館秘閣と東アジアの文物交流世界」（『北宋絵画史の成立』中央公論美術出版、二〇一六）
手島崇裕『平安時代の対外関係と仏教』（校倉書房、二〇一四）
東野治之『遣唐使船』（朝日選書、一九九九）
東野治之『遣唐使』（岩波新書、二〇〇七）
中島和歌子「『枕草子』の漢をめぐって」（『日本文学研究ジャーナル』一五、二〇二〇）
西本昌弘「古礼からみた『内裏儀式』の成立」（『日本古代儀礼成立史の研究』塙書房、一九九七、初出一九

八七）
西本昌弘「「唐風文化」から「国風文化」へ」（『岩波講座日本歴史　第5巻　古代5』岩波書店、二〇一五）
仁藤敦史『藤原仲麻呂』（中公新書、二〇二一）
野田有紀子「平安貴族社会における女性の漢才評価と書状」（『お茶の水史学』六三、二〇二〇）
古瀬奈津子「昇殿制の成立」（『日本古代王権と儀式』吉川弘文館、一九九八、初出一九八七）
古瀬奈津子「儀式における唐礼の継受」（『日本古代王権と儀式』吉川弘文館、一九九八、初出一九九二）
牧野和夫「奝然将来蜀版大蔵経の刊記・印造記について」（『実践女子大学文学部紀要』五一、二〇〇八）
丸山裕美子「律令国家の教育と帰化人（渡来人）」（高橋秀樹編『生活と文化の歴史学4　婚姻と教育』竹林舎、二〇一四）
三木雅博訳注『和漢朗詠集』（角川学芸出版、二〇一三）
水口幹記「嵯峨遺詔の文化史的意義」（木本好信編『古代史論聚』岩田書院、二〇二〇）
村井康彦「国風文化の創造と普及」（『文芸の創成と展開』思文閣出版、一九九一、初出一九七六）
山内晋次「国際情報と律令国家」（荒野泰典・石井正敏・村井章介編『日本の対外関係2　律令国家と東アジア』吉川弘文館、二〇一一）
山口博『王朝歌壇の研究　桓武・仁明・光孝朝篇』（桜楓社、一九八二）
横内裕人「自己認識としての顕密体制と「東アジア」」（『日本中世の仏教と東アジア』塙書房、二〇〇八、初出二〇〇六）

吉川真司「律令官人制の再編過程」（『律令官僚制の研究』塙書房、一九九八、初出一九八九）
吉川真司『天皇の歴史2　聖武天皇と仏都平城京』（講談社、二〇一一）※二〇一八年に講談社学術文庫
吉川真司「天平文化論」（『岩波講座日本歴史　第3巻　古代3』岩波書店、二〇一四）
吉川真司「摂関政治と国風文化」（『律令体制史研究』岩波書店、二〇二二、初出二〇一〇）
吉川真司編『シリーズ古代史をひらく　国風文化』（岩波書店、二〇二一）
李宇玲「重陽詩宴と遣唐使」（『古代宮廷文学論』勉誠出版、二〇一一）
渡辺秀夫『かぐや姫と浦島』（塙書房、二〇一八）
渡邊誠『王朝貴族と外交』（吉川弘文館、二〇二三）
渡辺三男「嵯峨天皇の唐風謳歌」（渡辺三男博士古稀記念論文集刊行会編『渡辺三男博士古稀記念　日中語文交渉史論叢』桜楓社、一九七九）

座談会

「日本の古代とは何か？」

司会・有富純也
磐下徹
十川陽一
黒須友里江
手嶋大侑
小塩慶

律令制になってもなぜ古いものを捨てなかったのか？

有富　この座談会では、本編を踏まえて、書き足りなかったところを、ざっくばらんに話していきたいと思います。特に、①奈良時代がどのように始まったか、②奈良時代と平安時代の変化のあり方、③平安時代の特殊性、の三つを議論できればと思います。そして最後に、日本の古代とは何だったのか、という課題に六人で考えてみたいと思います。

まずは奈良時代の始まりについて考えたいのですが、「はじめに――日本古代史研究への招待」でも書きましたように、奈良時代の少し前に、中国から移入した律令制というシステムが大きなインパクトで、中央・地方のいずれにおいても大きく政治方式が変化したといっても過言ではありません。このようなシステムが導入された一方で、第一章の十川さんも、第三章の磐下さんも、それまでのシステムやあり方が残存しており、二元的になっていると書かれています。

完全に律令制を導入し、前代のものを放棄しなかった理由を、まずはお二人にお聞きしたいと思います。素人的な考え方からすると、「ガラッと変えてしまえばいいじゃん！」と思いますよね。「なぜ律令制を導入したのか」ということと、「前の時代の古いものを、なぜ捨てなかったのか」ということについて、ご意見があれば。

磐下　なぜ古い要素が残っていくのかですが、それはそういうものだろうと思っているんですよね。私は非常に保守的な人間なのかもしれませんが、なかなか世の中って変わらないと思うんです。改革をすると物ごとがガラッと変わって、世の中が良くなるというのは、たぶん現代的な幻想で、人々の生活や社会のあり方はそう簡単には変わらないだろうと思っています。

新しいものを導入しても古い要素が根強く残るし、また、変わったと見せかけるのに、古いものを利用することもあったと思うんです。だから、律令制を導入するぞ、となったときも、七世紀以前の古い要素は残らざるをえなかったのではないかと思っています。

では、なぜ新しいものを、地方の在地首長と呼ばれるような人たちが受け入れたのかということですが、古典的な理解だとは思うのですが、やはり六世紀以来の地方社会のあり方がもたなくなってきたということがあると思います。

つまり、六世紀以来の国造《くにのみやつこ》の求心力が低下しているだとか、それ以外にも有力な勢力が出てきたということがあって、群集墳が出現するというように、古墳の動向に顕著な変化が確認できる。また、六世紀代の国造のクニの数と、八世紀の郡の数は全然違っていて、三倍ぐらいに増えています。そう考えると、地方社会の側に、従来の秩序が大きく揺らぐような状況があって、そこに中央の方から「新しい制度を入れるぞ」って来たときに、地方の側からすれば、それぞれの地域における自分たちの支配権を確立したいという思惑のもとで、中央の権力をある意味で後《うし》ろ盾《だて》として求めたということがあると思います。

これは通説的な理解だと思いますが、重要なことは、このことを地方側の事情だけで考えてはいけなくて、中央側の動向・志向も考慮されるべきだと思います。中央集権的な国家体制をつくらなければいけないという意識が、非常に強くあったのだと思います。

七世紀に入ると、隋・唐といった統一王朝が出てくる中で、朝鮮半島をはじめ、東アジア情勢が緊迫してきます。その影響はやはり大きいわけですよね。特に白村江《はくすきのえ》の戦いで負けたことは、中央の権力者の間に非常に大きな危機感を引き起こしたでしょうし、その後の皇位継承をめぐる内乱である壬申《じんしん》の乱も、やはり地方の軍事力をきちんと押さえておかないと大変なことになるという意識を、中央の執政者たちに持たせたと思うんですね。

こういう状況で、なんとか中央集権的なシステムをつくらなければならないという意識が中央側にもあったし、地方側にもそれを受け入れる素地があった。で、それが絶妙なタイミングでピシッと合ったのが、七世紀の後半という時代で、こういう状況が整っていたからこそ、八世紀以降の律令制に基づく国家体制が出来上がったんだと。この両方の関係を押さえておく必要があると思っています。

畿内豪族は、なぜ律令制（天皇制・官僚制）を受け入れたのか？

有富　十川さんはいかがでしょうか。もう少し具体的にお聞きすると、畿内豪族がなぜ天皇制や官僚制を導入したのか、その理由をお聞かせください。

十川　まず、律令制を導入したあとも古い姿が残っていくということを、どうとらえるかですが、奈良時代だけを切り口として考えると難しくて、本当は、六世紀、七世紀を通じての過程というのも踏まえないといけないと思います。

律令制的なものを本格的に意識し始めた推古《すいこ》朝では、十七条憲法に「早く朝《まい》りて晏《おそ》く退《まか》でよ」とあるように、豪族たちの出退勤時間は曖昧《あいまい》な状況でした。その後の舒明《じょめい》朝には、出勤は卯刻《うのこく》、退勤は巳刻《みのこく》とするような具体的な時間が提案されますが、大臣の蘇我蝦夷《そがのえみし》は従わなかったという逸話もあるので、当初から完全なかたちで受け入れられていたわけではありません。そうした中、実利面では、豪族の既得権益のようなものをまず確保した上で、徐々に律令制的なものに切り替えていく。たとえば、豪族の私有民を封戸《ふこ》に切り替えていくというようなかたちで、七世紀を通じて、徐々に切り替えが進んでいっているということです。

加えて、制度的に確立した官僚制というものができてゆくからこそ、豪族層たちのある種の平和というか、お互いに安定するという側面はあったと思います。七世紀ぐらいだと、豪族同士の暴力的で血なまぐさい争いをするわけですけれども、八世紀になってくると、そういうものもなくはないけれど、政治機構の中でどの部分を掌握《しょうあく》するかという、割と高度な駆け引きが目立ってきます。律令制以前は漠然と、〝今はアイツが強い〟みたいな状況だけだったところに、官僚機構での地位やポストという明確で細かな指標が加わったことで、偉さや権力が視覚的にも分かりやすくなったと考えています。そういう意味で、制度があることで安定するという側面はあると思います。

有富　ずっと不安定だったのが、律令制の登場で、「お！　こんなものがあるのか。じゃあ、これ、やったら安定するぞ」みたいなイメージでしょうか？

十川　（笑）極端にいうと、そういう感じかもしれないです。ただ、そもそも法や制度というのは、実際に存在する社会とは別に、〝あるべき姿〟を定めたもの、という性格が強いと思います。法が定められることによって、社会が法に近づいてゆくこともあれば、逆に法が社会に合わせて変わってゆくこともある。日本の律令制というのも、八世紀にはすでに社会と法との接近によって形作られた状態である、ということは評価してよいのではないでしょうか。日本が唐の律令制を継受するにあたって、唐令の条文を取捨選択したり、独自色の強い改変を加えたりしている部分も多いことは、近年よく知られるようになってきたことですが、こうした取捨選択・改変は、律令制以前から日本に存在するような要素と融合したからこそできたことといえるのではないでしょうか。

郡司になるのは嬉しいことだったのか？

有富　もう一度地方に目を転じましょう。地方の豪族が郡司になるとか、位階をもらうというのは、この時代の彼らにとっては嬉しいことなのでしょうか？　外から突然持ってこられた律令制度というシステムで、「おまえは郡司だ。位にもつけてやる」と言われて、「はぁ？」という地方豪族はいなかったのでしょうか？

磐下　あまりそういう地方豪族はいなかったんじゃないでしょうか。以前から、それに近いような地位があって、それが律令制によってより整備されたといえますから、突然、現れたという感じではなかったと思います。地方の豪族であれば、国造などの地位があったわけで、それらの地位を認められることで、一定程度、地方支配権が認められるという関係があった。それが新しい枠組みの中で、もう一回、今度は郡司として認められるということなので。急に出てきたというよりは、前史のあったものなので。位階もそうなんじゃないですかね。

十川　前史のないところだと、たとえば東北地方の蝦夷《えみし》なんかにも位階をあげるわけですけど、割と、みんな、積極的にもらうわけですよね。

蝦夷の場合はちょっと独特で、位階をもらう機会というのが、朝貢《ちょうこう》の場面だったりするのですが、城柵《じょうさく》や都での朝貢には、お返しの品をもらってくることがセットなので、ある種の交易みたいな性格もあるのかなとは個人的に考えていますが。ただ、一般的な地方の場合にも、税の免除のような旨味《うまみ》もあるでしょうし、やっぱり何かしら実利がともなって広まってゆくという部分もあるのかなとは思います。

磐下　大化元年（六四五）の東国国司《とうごくこくし》詔《しょう》なんかを見ると、かつて国造だったとか、屯倉《みやけ》を管理していたなどと、偽《いつわ》って言ってくる人たちに気をつけなさいということが注意されています。やっぱり、中央側に何らかの地位を認めてほしいという要求は、少なくとも七世紀の段階の地方側にはあったんだと思います。

在地首長の支配領域

手嶋　郡司に関して、磐下さんのお考えを確認したいのですが、磐下さんは、本書の中で、実態としての郡司の勢力囲は、制度としての郡をまたいでいるという話をされています。郡が設定されたとき、それまでの勢力圏の一部がほかの郡に属することになる、つまり制度的に管轄外になってしまう場合もあったということだと思います。ただ、それでも郡司という制度を受け入れる方が、地域勢力側にメリットがあったから、郡司制度は地方社会にも受け入れられた。だけど、郡域設定の際に、勢力圏の一部が切り離されたので、当初は制度と実態の乖離《かいり》があったけれど、八世紀を通して、徐々に制度と実態が調和されていった、と。

磐下　そうだと思います。ただ、制度的には切り離されてしまったけれど、でも、本当はこまでが自分たちの勢力圏なんだということは、意識され続けていて、今回取り上げた金井《かない》沢碑《ざわひ》なども、それを再確認するような意味があるのだと思います。そういう事例は、たとえば、郡司たちが中心となった仏教の信仰集団である知識《ちしき》などを見ても、郡域に関係なく結ばれるものもありますから、そういった場で生き残っていく。だから、制度的な枠組みと、実態としてのつながりというのは、割とドライに切り離して考えていたのではないかと思います。

とはいえやはり、制度的に切り離されるっていうことの影響は大きいので、当初はそういう意識は残っていても、だんだん、制度で確立されたところで線が引かれていくようになるのだとは思いますが、最初のところは、制度と実態は切り離して考えていた面はあるんじゃないかなと思います。

手嶋　実際の郡司の勢力圏と郡域の差というのが面白いなと思っていて。少し時代は下りますが、院政期に領域型荘園が立荘されて、それが中世社会の一つの枠組みになっていくわけですが、近年の中世史側の研究によると、荘園の領域は、在地側の、村落の実態をある程度考慮して決められたらしいんです。

一方で、郡の領域を決める際、実際の勢力圏とは違う場所に郡域を設定することもあった。ということとは、当時の中央政府に地方の実態を考慮する姿勢は薄く、上から郡司制を押しつける感じが強かったのかなと考えることもできそうですが、いかがでしょうか。

磐下　いや、まったく無視はしていないと思いますよ。やっぱり現実に即して線は引いていいると思いますし、多くの場合はそれでうまくいったんじゃないですかね。でも、どうしても、それでうまく線引きできない部分が残ってしまって、そういったところには、制度としての境界線とは無関係なつながりが残っていく。そういうイメージですので、上から目線でまったくムチャクチャに線を引いたということではないと思います。

有富　仕事量が増えた郡司に不満はなかったのでしょうか。個人的には、郡司になるメリットが、感じられないのですよね。戸籍や計帳をつくれ。税金を取れ。少なくとも帳簿上は、そのような個別人身支配をしなければいけなくて、国造のときにはやる必要のなかったことをやらねばならなくなった。それだったら、「昔の国造のやり方でいいじゃん、なんで俺がこんなことをしなきゃいけないんだ」っていう首長はたくさんいてもよかったのに。

磐下　いや、そこはなかなか明確には答えられないんですが、事実として、そういった面倒なことをしなければならないのに、みんな郡司になりたがっているということは間違いないと思うんですよね。郡司職をめぐってそれはもう、けっこう激しく争っている。たとえば、神火《しんか》（原因不明の火災）事件とかで、相手を陥《おとしい》れてでも郡司になろうとする人がいるわけですよね。そんなことをして郡司になっても、絶対、後始末が面倒なのに、そうまでしてでも郡司をやりたい。そういう志向性があることは間違いありません。少なくとも奈良時代には、地方社会では、それだけ郡司になることに大きなメリットがあったのだと思います。

有富　彼らは、できるだけ中央に行って認められたいのでしょうか？

十川　地方豪族全部が、とは言わないですけれども。

ただ、たとえば中央に進出していっても、称徳《しょうとく》朝なんかだと、地域の大国造《だいこくぞう》に任命されたりしますよね。陸奥《むつ》国の道嶋《みちしま》氏などは、中央で武官としてがんばっているけれど、同時に陸奥大国造になって、地元の諸豪族の改姓や賜姓《しせい》を申請したりするので、中央で昇進するメリットと地元で権威化することのメリットとの、やっぱり両方が連動して動いているのかなとは思いますけれども。

手嶋　中央でのメリットと地方でのメリットが連動していたのは、当時の地方豪族が出身地と中央の両方に拠点を持って活動していたというあり方も関係していると思います。加藤謙《かとうけん》吉《きち》氏が「両貫制《りょうがんせい》」と呼んでいるあり方ですね。

そうしたあり方が、地方豪族に多かったのかなと思っています。氏族内で、中央で活動する人と、地元に残って活動する人が、兄弟だったり親子だったりして、氏族間でつながっているあり方が、奈良時代以前からあって、それが、奈良・平安時代と続いていくというようなイメージです。中央と地方、両方に拠点を持ちつつ、連動しながら生き残り続ける、そのあり方が、時代によってどう変わっていくのかも、ちょっと気になっているところです。

天皇権力とその成立過程

磐下　十川さんに、私から一つ質問していいですか？　古代の権力構造論についてです。構造というのは非常に複雑なものであって、簡単に説明できるものではないというのは、まさにその通りだと思うのですが、これって、やっぱり、権力構造が複雑であるがゆえに、天皇というものを大事にして、面倒なことがあったら全部そこに放り込む、じゃないけれども、複雑であるがゆえに、天皇という存在をその上に設定することで、協調体制をつくりやすくするという意味合いがあるんですかね。

十川　じつは逆のとらえ方もできて、天皇というものが、ある種、絶対的になってしまうから、周りも複雑化するというか、天皇につながるための窓口が、勝手にできてしまうというのはありうると思います。ちなみに今回、「複雑だ」という点を少し強調したのは、権力構造やパワーバランスって、単純に説明されてしまうこともあるけれど、決してそうじゃない。もっと細かいところも含めて、いろいろな可能性や新しい見方を考えていかなくてはならないんだという、ある種の問題提起のつもりでした。

手嶋　天皇制度、天皇の成立時期についてはいろいろ説がありますが、僕は七世紀末の天武《てんむ》朝でいいかなと思っているんです。とすると、そうした天武個人の個性が天皇制度のなかに反映されたり、もし個性があるなら、その点が奈良時代以降の天皇と貴族の関係にも影響を与えたりした可能性はあるのでしょうか。

十川　そうですね。もちろん天武朝の意義というのはやっぱり大きくて、浄御原令《きよみはらりょう》にせよ、官僚制の整備にせよ、天武の時代に最終段階として整備されたのは大きいとは思います。ただ、やっぱり七世紀以降の歴史で考えたときに、ホップ、ステップ、ジャンプの、ジャンプの段階だと思うんですよね。

推古朝に冠位十二階ができて、豪族層の官僚化が徐々に始まっていって。それが乙巳《いっし》の変のあとに、それまでの大臣《おおおみ》から大臣《だいじん》に変わってというふうに、えらい人までだんだん官僚化されていく。で、それが壬申の乱を経たあとの天武で、ようやく完成するという、そのホップ、ステップ、ジャンプだと。

手嶋　天武より前から、ある程度基盤はできていて、天武のときにバーンと……。

十川　決定打になったというか。

手嶋　天武個人の資質みたいなものは、あまり考慮しなくてもいい？

十川　ないとまでは言わないですけど、時代性や段階性が前提にあって、初めて個人の資質も活きるのだろうと思います。

平安遷都は画期たりえるか？

有富　では次に、奈良時代と平安時代の変わり目、われわれは「画期《かっき》」という言葉をしばしば用いますが、時代の画期について議論していきたいと思います。

　以前、別の媒体でも書いたのですが、日本古代史研究は、「画期がいつか」ということにすごくこだわる傾向にあります。一般的に、長岡京・平安京に都を遷《うつ》した時期、桓武《かんむ》天皇の時期に大きな画期があったと考えられがちです。その点も含めつつ、まずは九世紀以降への展望と、桓武天皇の評価について、奈良時代の部分を執筆された十川さん、黒須さんの章を踏まえて何か質問がありませんか。

十川　はい。九世紀以降への展望というか、平安時代の大まかなあり方については、黒須さんの論考でよく整理されて、大変分かりやすかったと思います。今回、挙げていただいたような政務構造の変化や、手嶋さんの章で触れてくださったような受領のあり方によって、地方支配の変化、平安時代的な姿への転換が、どこに求められるのかというのが、一つの問題かなと思います。九世紀をどう考えるかという点について、やはり桓武朝は大きな画期になりうるのかどうか、ということが問題になるかと思います。

桓武朝の二大政策としての造都《ぞうと》と征夷《せいい》について考えると、征夷は、光仁《こうにん》朝からの継続事業ですし、造都そのものも、政策として決して目新しいものではないと思います。ただ、造都について考えるなら、長岡宮、平安宮で、内裏《だいり》が朝堂院《ちょうどういん》から独立して、内裏朝政とか、内裏での上日《じょうじつ》（出勤を認められた日）が可能になったということは、構造面では一つの画期なのかなと思うのですが、どうでしょうか。もちろん、奈良時代からすでに、内裏朝政のようなものをある程度やっていたとは思うのですが、その点をまずどう評価するかを黒須さんにうかがいたいです。

第二に、桓武朝をどこまで画期として評価していいかという問題。次の平城《へいぜい》朝で律令制の徹底のようなことがされて、地方に観察使を派遣したり、あるいは大同の官制改革で、中央官制を縮小したりというふうに、割と現実路線に戻ってしまう。だけど、そのあとの嵯峨《さが》朝になったときに、やはりここで新しい画期が訪れるのではないか、というようなイメージを持つんですね。平安宮にしても、平城太上《だいじょう》天皇の変を経たあとに「万代宮《よろずよのみや》」として位置づけられますし、その平城太上天皇の変のあとで、一応、天皇と太上天皇との相克《そうこく》というものが、いったんは終わる。桓武朝から続いていた征夷も終結するし、政務の構造でも蔵人《くろうど》とか昇殿《しょうでん》制がだんだん整備されてゆくという意味で、嵯峨朝の位置づけが結構大きいのかなと、改めて考えたりもするのですが。

黒須　たしかに一時は「桓武ディスポティズム（専制政治）」というのが、すごく重視されたような時代もありましたけど、最近はあまり声高には言われなくなっています。やはり桓武ですべてが変わるわけではなくて、八世紀の後半ぐらいから変化の素地《そじ》があって、それが桓武のときにいろいろ実現したという考え方の方が現実的だとは私としても思っています。

私が担当した第二章でも書いたように、長岡宮から平安宮にかけて、内裏の使い方が変化します。それまでは内裏と朝堂院は一体で、内裏が天皇の生活の場、朝堂院は日常政務の場であったのが、内裏と朝堂院が分離して、内裏が日常政務の場、朝堂院が国家的な儀式の場になる。とはいえ、では奈良時代には毎日、天皇が朝堂院に出御《しゅつぎょ》して政務を視《み》ていたかというと、それもまた議論があるところです。内裏と朝堂院の分離と同時に使い方がガラッと変わったかというのは、立証できないところでもあり、なかなか難しい問題ですが、実態を無視して突然、宮の構造を変えてしまうというのもおかしな話です。

朝堂院が日常政務の場として使われる場合でも、朝堂院ですべての政務が終わるわけではなくて、朝、朝堂院に官僚が集まって、天皇のもとで政務を行ない、それが終わったら各々の曹司《ぞうし》（庁舎）に移ってまた政務を行なっていたらしい。それを天皇にも当てはめて考えれば、朝堂だけではなくて、ほかの場で日常政務を行なうことも十分にありえたはずです。そのような実態を前提として、内裏と朝堂院の分離が行なわれたのではないかと想像します。

二番目のご質問ですが、桓武のあと、平城・嵯峨・淳和《じゅんな》・仁明《にんみょう》は、政治を自ら主導するという意識の高い天皇たちで、そんな中、九世紀の半ばに急に文徳《もんとく》が、政務に出てこなくなる。桓武から仁明までの五代の天皇の中で、特に誰が後世、つまり九世紀後半やそれ以降の政治に影響を及ぼしたかというと、嵯峨に加えて仁明も大きな存在だったと思います。

十川　奈良時代的なものから平安時代的な姿への過渡期というか、政務構造のあり方が、物理的に内裏の構造に落とし込まれたのが桓武で、平城太上天皇の変を経たあとに、ソフト面の整備で、蔵人だとか昇殿制が整備されていく嵯峨朝、という、過渡期的なイメージになるんでしょうかね。そうして一見すると天皇中心の小規模な朝廷になっていきながらも、全国への目配りは続いていく。本来の言葉の意味とは少し違いますが、イメージだけでいえば、大きな政府から小さな政府へといったような、政治の転換に近いのかなというふうにも、個人的には思います。

小塩　八世紀終わりから九世紀はじめへの連続性と、桓武をどう評価するかというところですが、ここまでに出てきていない話だと、よく言われるのが、『続日本紀《しょくにほんぎ》』の編纂《へんさん》や、あと、こちらは完成するのは嵯峨朝ですが、『新撰姓氏録《しんせんしょうじろく》』も、事業を始めたのは桓武ですよね。法整備の関係でも、嵯峨朝の弘仁格式《こうにんきゃくしき》が有名ですが、やはり桓武の時代にも動きがあり、そのあたりも重要なところだと思います。ただ、よくよく見てみると、藤原仲麻呂の時代に、割とそれに近いことをやろうとして、挫折したということがあった。たとえば淳仁《じゅんにん》朝には「氏族志《しぞくし》」の編纂が行なわれていますし、『続日本紀』もこの時期にある程度の部分ができていたのが、藤原仲麻呂の乱などがあって消えてしまったということがあって。

　ということを考えると、八世紀半ばからの連続性という中で桓武をとらえることもできるように思います。そしてその後に続く平城と嵯峨で、より厳格にしていく平城と、平城の方針を少し緩和していく嵯峨と、方向性はちょっと違いますが、大きな目で見れば、桓武のあり方というのが、九世紀前半を通じて継承されていくのかなという気がしています。

幼帝はなぜ出てきたのか?

有富　黒須さんから、文徳が急に政務を行なわなくなる、というご発言がありましたが、そのあとの清和《せいわ》が幼帝ですよね。彼も政務をほとんど行なわず、摂政が設置されたわけなんですが、そもそも「幼帝」って、どうして出てきたんですかね?

黒須　難しいですが、状況的にいえば、直系継承の副産物だと思います。九世紀に入って、皇位継承にともなう政変が起きた。これを避けるためには直系継承が望ましいけれども、早く亡くなる天皇がいれば、幼帝が出ることになってしまうわけですから、避けられなかったという側面はあると思います。

ですが、実際に幼帝を立てられるかどうかという観点でいうと、やはり天皇というものがある程度、抽象化されていないとできないと思います。先ほども言いましたように、奈良時代に天皇が実際に毎日出御していたかどうかは分からないのですが、毎日ならずとも、頻繁に政務を見ていたり、出御して官僚と顔を合わせたり、儀式のときに百官《ひゃっかん》の前に出てきたり、ということが必要な状況では、幼帝という選択肢はおそらくありえない。だからそういったことをしなくてもよいくらいには、天皇というものが抽象化されていたということなのかなと思います。そう考えると、文徳天皇はある意味大きな画期だったんだろうなと思います。

有富　そもそも、なぜ直系継承にしたんだろう？

黒須　先行研究でいわれているように、皇太子、つまり未来の天皇に集まってくる勢力というものが不安定要素になるということかなと。九世紀前半に、直系継承ではない、自分の子どもではない人を皇太子に立てることをやってみた結果、これはうまくいかないということになったのではないでしょうか。

小塩　平安時代の前半は、奈良時代以前ほどには血なまぐさくないにせよ、じつは皇太子がどんどん交替しますよね。あまりうまくいっていないというか。

黒須　はい。誰かを皇太子に立てようとするけれどもできなかった、というのもあるし、廃太子もあります。だから権力の一つの結集核として皇太子を見た場合、周りの人はどれにつけばいいのか分からない、非常に不安定な状況だったと思います。

小塩　それが結局、貴族としても、ある程度、一本化した方がよいという判断になったということなんですかね。

黒須　そうですね。あと、桓武以降、数代は子どもの数が多いというのも、影響したのではないかと思います。ある程度、候補者を絞っておいた方が、あとあと問題にならずに済むという考えもあったかもしれません。

小塩　それで行き着いた先として、幼帝が出てきたという感じでしょうか。

黒須　そうですね。初めての幼帝の清和に関しては、兄が三人いたけれども、第二章でも書いたように、母親の地位からいってそもそも立太子は不可能だったという見方があります。また、一番上の兄とて、父の文徳が三二歳で亡くなったときには数え一五歳ですから、彼が皇太子であったとしても、同じような問題には直面することになったはずです。

奈良時代であれば、そこで女帝を立てるという選択肢があったのでしょうが、平安時代にはその選択肢はないので、即位した天皇を支える新しい仕組みをつくるということになったのだと思います。

文徳が亡くなる少し前に良房《よしふさ》が太政大臣になったことが、すでに次の天皇の清和を補佐する布石《ふせき》だったという見解もあります。そう考えると、官僚制の成熟というのも、一つ、幼帝が実現した背景としてあるのかなと思います。九世紀に入って官僚の数が増えて、それまで天皇と官僚が生身の関係だったのが、天皇も抽象的な存在になっていき、天皇から見た官僚も抽象的になっていくというかたちで、だんだんシステム的になっていく。そんな中で、天皇が子どもでもうまく回せる見通しがついたのではないかという気がします。

儀礼・先例重視は思考停止なのか？

手嶋　その官僚制の成熟のところで質問があるんですが、九世紀は、『内裏式《だいりしき》』や『貞観儀《じょうがんぎ》式《しき》』が編纂されるなど、国家儀礼がかなり整備されていく時期でもありますよね。国家儀礼は国家運営の柱の一つで、その次第がかなり整備されてきた。だから、幼帝でも国家は成り立つので、大丈夫だったんだろうと。つまり、幼帝の誕生に、国家儀礼の整備がどれくらい関わっていたのかということが気になって。

あと、藤原基経《もとつね》の時期ぐらいから、先例尊重主義的な思考が強くなってくると思うのですが、それも幼帝の誕生と関係があるのでしょうか。幼帝だから、何事も先例通りに行なった方が、うまく朝廷が回っていくだろうというような雰囲気があって、先例尊重の思考が強くなっていったのか。幼帝の誕生と国家儀礼の整備や先例主義はどれくらい関係しているのか、していないのか。黒須さんのお考えがあれば、聞きたいなと。

黒須　儀礼の整備と先例重視は、ちょっと似たところがあると思います。儀礼の整備と幼帝の実現というものに関しては、たしかに、天皇が出御する場合にはこう、不出御《ふしゅつぎょ》の場合にはこう、摂政が代わりにする場合にはこう、というようなやり方がきちんと決まった、つまり不出御儀が定まって、亜種ではあるけれどもきちんとした儀式ですよ、ということが示されたというのは大きかったのかなと思います。

幼帝が構想されるずっと前から、官撰儀式書は出てきていたので、儀礼の整備や儀式書の編纂自体は幼帝を見越してのものではなかったはずですが、結果的にいうと、それが儀式のいろいろなパターンの整備につながって、幼帝を含むさまざまな事態に対応できるようになっていったのだと思います。

先例重視に関しては、あまり幼帝と関連づけて考えたことはなかったのですが、初の幼帝の清和が、子の陽成《ようぜい》が九歳のときに突然譲位したのは、自身が九歳で即位したことが関係しているともいわれます。うまくいったことが参照され、踏襲《とうしゅう》されるのは、ある程度普遍的なことかもしれません。

一方で、貴族が先例を重視するようになって、先例を自分で記録するようになるのは、九世紀末ぐらいからです。個人的には、先例重視というのは、一つの効率化ではないかと考えています。先例重視は思考停止だととらえられることもあるのですが、やはり現実に、不測の事態が起こって、それを解決しなければならないとき、似たような先例を参照して解決しようとするのは、有効な手段だったと思います。

天皇にとって先例というものがどれだけ重要だったかは、今すぐに答えは出ないのですが、基本的に先例を集めるというのは、政務の効率化の一種ではないかと考えています。

有富　九世紀というのは、一般的には地味だけど非常に面白い時代で、個人的にはずっと改革をしようと考えていた時代なんじゃないかな、と思うんですね。バブル崩壊以降、二一世紀初期の日本と重ね合わせちゃうんですが。

それはともかく、画期も、遷都が大きな変化だといえば桓武朝だし、幼帝や摂政の出現を重視すれば九世紀半ばになる。地方や文化の画期も考える必要がある。

なぜ唐風文化が好まれたのか

有富　そこで文化面に少し目を移して議論していきたいと思います。小塩さんの章で、仲麻呂の中国好みの文化政策について論じられていました。そのあたりをまずお聞きしたいのですが、そもそも白鳳《はくほう》文化も飛鳥《あすか》文化も、もちろん仏教や中国の文化の影響って強いですよね。

なぜ仲麻呂以降は、特に唐風文化を好んだといわれるのでしょうか。

小塩　仲麻呂前後で、唐をモデルにした新たな政策が次々と出されるので、唐風の印象を特に強く与えるところはありますね。それでも、長年中国の影響下にあったのに、なぜこの時期か、というと、割と偶然というか、タイミングが合ったというところがあるとは思っています。

現実的な問題として、モノが入ってこないとどうしようもないところがあった。養老の遣唐使には吉備真備《きびのまきび》や玄昉《げんぼう》がいましたが、彼らは十数年も唐に滞在して、最新の学問や宗教を学んで帰ってくる。しかも、モノも一緒に持って帰ってくる。これが天平七年（七三五）のことで、そこで一挙に最新の盛唐の学問や思想の体系がもたらされたのは大きかったと思います。

遣唐使は事故に遭う危険性が高いので、仮に吉備真備や玄昉がこのとき帰ってこられなかったり、帰ってきたとしても持ち帰ろうとしたモノが水没したりということがあったら、この時点ではまだ全面的な唐風化を進められなかったのではないか。そういう偶然があるだろうと思います。

それと、これも偶然といえば偶然ですが、日本側に「これから国家をつくっていこう」という流れがあったときに、同時期の中国が玄宗《げんそう》の時代で、名高い「開元《かいげん》の治《ち》」などもあり、なお国としての威容を保っていたことも大きいように思います。

加えて日本では、この八世紀半ばに孝謙《こうけん》（称徳）天皇が登場します。それまでも女帝はいましたが、女性の皇太子というのは初なわけで、その正統性をめぐって課題はあったのではないでしょうか。そのときに、中国で武則天《ぶそくてん》という、ちょうど良い女帝の先例があったというのも大きかったのではないかと思っています。

ただ、おそらく八世紀の段階は、まだ過渡期で、とりあえず同時代の唐をそのまま真似してみようとしたところがあるように思います。そこからさらに理解が進んでいくのが平安初期かなと思っています。

唐風化の時代と朝鮮の影響

磐下　遣唐使が中国から非常に質の高い文物を持って帰ってきたことが、八世紀後半に唐風化がより深まっていった契機だろうということでしたが、それよりも前の時代には、朝鮮半島を経由して文物を受け入れているところが割とありますよね。八世紀にも新羅使《しらぎし》が来たりするじゃないですか。交易もしていますよね。そういうルートのものは、もう主流ではなくて、やっぱり文化として受け入れるものは、中国からダイレクトに受け入れるようになっていく感じなのでしょうか。

小塩　そのあたりは、やはり時期差があるのだろうと思います。何世紀にも及ぶ長い朝鮮半島との交流では、そこを経由して中国のものも含む最新の学術が入ってきて、日本文化の重要な基盤となっていきますが、八世紀の半ば以降ですと、進んで朝鮮半島そのものの文化を取り入れようということは下火《したび》になっていったように感じます。ただ、ある程度、共通の文化圏ではあるので、それぞれの国の独自性をどう考えればよいかは、難しいところですが。

磐下　七世紀の後半あたりのことを考えると、中国と日本列島だけではなくて、やっぱり朝鮮半島を経由していることがすごく重要だと感じることが多いんですよね。それが八世紀になると、どうなるのかなっていうのが、ちょっと気になったのでお聞きしてみました。でも、八世紀に入ってからも新羅や渤海《ぼっかい》などとの交流は続くわけですから、それらの国々の影響も無視できないですよね。

小塩　個人的には、やはり八世紀半ば以降はかなり唐志向な感じがしてはいますが。唐のものを、そのまま取り入れているか、実情に合わせて日本風にアレンジしているか、あるいはすべては理解できないから分かった部分だけ取り入れているかは別の問題として……。
とはいえ、たしかにほかの国の文化やモノも入っています。唐が中心だとは思いますが、あまり言いきらない方がいいのかもしれない。

十川 今の質疑を聞いていて思ったのですが、テクニカルタームとして「唐風化」とか「和漢」という言葉は当然使うのですが、史料に則した場合、唐風とか和漢という言葉はどのぐらいあるのか、というのも問題になるかと思います。

先ほどの磐下さんの質問とも重なりますが、「唐」と書いて「から」と読むわけじゃないですか。それはやっぱり朝鮮半島のことなので、そこの重層的な国際認識というか、中国のことを言いつつ、じつはその根底には、一番近い身近な外国としての朝鮮半島みたいな意識が隠れていたりするのでしょうか。あとは、少し時代が下りますが、『小右記《しょうゆうき》』では、もう王朝は宋に変わっているのに、ひたすら「大唐」と書いたりもしますよね。そういった認識も含めて、表記の問題とどう連動するのかが気になるのですが。

小塩 「唐《から》～」という語はたくさんありますが、じつは、現在のわれわれが言う意味での「唐風《とうふう》」という表現はほぼ出てこないといってよいと思います。「和漢」は、『和漢朗詠集』などがあるように、史料的にも平安時代の用例を拾うことができます。

「から」という言葉も、当初は「韓《から》」、朝鮮を指すことが多かったのが、やがて外国、中国へと意味が広がっていったというのが辞書的な理解のようです。ただし、「から（唐）」という語は、「もろこし（唐土）」という語よりも抽象的な意味を持つ、という研究もあって、平安時代になると、どこまで本来的な朝鮮半島への意識が残っていたかは分からないですね。おっしゃる通り、たしかに宋を「唐」と記すことは多いです。中国を指す表象的な語の一つとして、日本にとって偉大な王朝であった、あるいはあり続けた「唐」という王朝名が残った、というところでしょうか。

あと、「唐物」の場合などは、朝鮮半島のものも全部ひっくるめて「から」という概念でまとめることがあるようです。もちろん「高麗《こま》」などの表現もあり、区別される場合も多いのですが。その辺で、日本の国際認識はおそらく変わっていくんだろうなとは感じます。

国風文化の芽生えと政治的状況

有富　九世紀の話に戻しましょう。小塩さんは、九世紀の承和《じょうわ》（仁明天皇の代の元号）が転換点だということで、このあたりから、国風文化の萌芽《ほうが》期が来る。政治的な状況と文化がすごく交錯しているとお書きになっていますよね。また、文徳・清和あたりで、摂政が出てきて、ちょっと変な時期だよねっていう議論も先ほどしました。その時期に国風文化が始まっていくというのは、何か関係があるのかなと思うんですが、いかがでしょう？

黒須　第五章には、桓武や光孝・宇多のように血統の正当性に不安があると、別のものに正統性を求めると書かれていました。血統ではないですが、仁明のあと、天皇のあり方が大きく変わることは文化面に影響したのでしょうか。

小塩　たとえばよく言われるのは、天皇というよりは摂政ですが、藤原良房。良房が和歌を好んだので、彼が編纂に関わった『続日本後紀《しょくにほんこうき》』には、和歌に関する長大な史料が残っているという説はあります。ここからさらに、幼帝の出現による藤原氏の専制によって私的な和の文化が発展する、という見方もありますが、前提となる歴史観が大きく見直されている現在では、あまりそこを強調しすぎるのも問題かとは思います。

文徳の後、清和、陽成という二代の幼帝をはさんだ、光孝《こうこう》、宇多《うだ》あたりの天皇に関しては、承和を、自分たちの時代につながる時代だと意識的にとらえたことが大きいと思っています。「承和の時代なんか関係ないや」と思ったら、せっかく承和頃に和に目を向ける文化が登場しても、それを切り捨てていってもおかしくはない。でも、幼帝が出てきて、それに対して本来のあり方はどうなんだという議論になっていって、そこで改めて承和の意味が浮上してくるとなれば、文化の発展とつながる可能性はあるかなと、思っています。

黒須 なぜ、承和という時期に文化的転換が始まったのでしょうか。桓武以降の唐風化の流れの中で、仁明が国風化といわれるような変化を志向した背景や理由が何かあるのか、可能性として考えられることはありますか？

小塩 仁明個人がどうかというのはちょっと難しいところですね。嵯峨が生きている間は、比較的唐風が続いていて、嵯峨が亡くなったあとに、和の文化が出てくるというような見立てもあるのですが、そんなに単純ではないような気がします。少なくとも仁明自身は唐風志向のあり方を色濃く受け継いでいますので。

黒須 嵯峨に対抗する意識があったとか、そういうことではなくて。

小塩 ……はないと思いますね。ただ、そこでどう変わるのかっていうのは重要で、今後も考えていく必要があると思います。

古代の国司はどんな存在だったのか？

有富　平安時代の地方社会について議論しましょう。期せずして磐下さんに郡司についてたくさん扱っていただいていて、手嶋さんが国司や受領《ずりょう》について多く書いていただきました。
　まず国司と郡司の関係について考えてみたいのですが、普通に考えれば、国司と郡司がいると、国司の方が強い権力を持っていると考えてしまうと思います。しかし、磐下さんの章でもあったように、八世紀のある時期までは、国司よりも在地首長、あるいは郡司層が地方で幅を利かせていたというのが学界の通説です。それがなぜ平安時代になると、国司がそれにとって代わるのか。その点を手嶋さん、補足していただけますか。奈良時代の国司は、地方社会でどういう位置づけなのかをお聞きしたいです。
手嶋　奈良時代の国司は、通説的な理解ですが、郡司が行なったいろいろな業務を、国のレベルで取りまとめて中央につなぐような存在だったと理解しています。それが平安時代になると、国内の状況が大きく変わってくる。
　九世紀になると、地方有力者のあり方、国内で幅を利かせて影響力を持つ人が、多種多様になってくると思っています。古くからその地域の有力者だった郡司層や、中央からやってきてそのまま土着したような人間、あるいは他国からやってきた富豪浪人などです。さまざまな階層、性格の人たちが、地方社会で活動を始め、影響力を強めていく時期だと思います。

そうした中で、徴税業務をはじめ、従来の地方支配が十全に機能しなくなる。それに対応するために中央政府の側から、地方の実態に合わせた支配を国司に行なわせる方向性を出していく。それによって国司に大きな裁量権が与えられて、国司の位置づけが地方支配の中で上昇していくのだと思います。

有富　今のお話だと、八世紀はまだ、国司には権限がないというイメージでしょうか?

手嶋　いや、そうではなくて、国司には、もちろん権限はありましたし、国の仕事は国司の責任で行なわれていたと思います。ただ、それを現実の社会で行なうためには、郡司に依存しなければならない部分が大きかった、という感じで考えています。あと、墾田永年私財法《こんでんえいねんしざいほう》で、国内の墾田地占定《せんてい》の許可権が太政官から国司になるなど、奈良時代にも国司の権限は大きくなっていったと思いますが、その動きがより強くなるのは九世紀前半だと思います。

有富　磐下さんはどうですか。奈良時代の国司についてご意見があれば。

磐下　国司についてちゃんと勉強したことがないので、難しいところもあるのですが、制度をつくったときにはもちろん、国司がいて、その下に郡司がいるというかたちで地方支配をしようと考えていた。

でも、実際には、奈良時代には、国司を通して地方支配をするのか、それとも郡司を通して地方支配をするのかという、二つの選択肢があって、もちろん国司を無視していたわけではないのですが、郡司をより重視する方向性で地方支配が進んでいたところはあると思います。

きちんと数えたわけではないので印象でしかないのですが、八世紀の段階には、どういう人を郡司に任用して、どういう職務を与えるか、といった郡司に関係する法令は、結構たくさんあります。ですが、特に任用に関する法令は、九世紀の前半でほぼ出されなくなるんです。弘仁《こうにん》一三年（八二二）が実質的な最後になると思うのですが、それ以降は出なくなる。逆に『類聚三代格《るいじゅうさんだいきゃく》』などを見ると、ちょうどそのぐらいの時期から、国司に対していろいろな指示が出されていく。

そうすると、やっぱり九世紀に入るぐらいから、国家としても地方支配のメインは郡司よりも国司であるとシフトしたといえるんじゃないかなと。

それはやはり、八世紀の早い段階では、国司は所詮《しょせん》よそ者であって、地方社会の中に受け入れられていなかった。だから、国司を通じた地方支配はなかなか難しいだろう、それより地元に密着した郡司を使おうというものだったのが、徐々に国司制度が定着して整備されていくことで、シフトチェンジが可能だったと考えています。

一〇世紀に郡司は消えたのか？

有富　地方政治がシフトチェンジしていく中で、国司の官長である受領が、国府《こくふ》に地方政治を執《と》り行なう人々を集めていく流れになっていくのだと思います。その過程で、郡司の役所であった郡家《ぐうけ》は一〇世紀初期にはほぼ消えてしまうことが考古学的に明らかになっているわけなんですが、郡の役所がなくなるということは、郡司がいなくなるのかなぁと単純に思ってしまうのですが、手嶋さん、どうでしょうか。

手嶋　僕は、郡司は消えていないと考えています。もちろん、すべての郡領氏族が生き残ったとはいえないですが、九世紀以降、郡司層の人たちは、郡司以外のポストにも進出し、以前とは違うかたちで、地方の有力者として生き残っていく、そうした人たちが一定数いたと思います。

なぜ郡家がなくなるのかについては、難しい問題です。先ほど言ったように、それまで郡司を務めていた人たちは、一〇世紀以降も地方有力者として生き残ったと思うので、郡家の消滅＝郡司の没落と単純に考えるべきではないと思います。郡家の消滅は、地方支配の構造が変わったからと考えるのがいいんじゃないでしょうか。

これまで、九・一〇世紀の地方行政について、国が郡の機能を吸収したとか、郡の機能が強化されたなどと議論され、一九九一年の山口英男さんの研究以降は、そうではなくて、国郡行政の一体化なのだと理解されるようになっていると思いますが、いずれにしろ、この時期に地方支配のあり方が変わるのは明らかで、その結果、郡家が消えていったのかなと思います。ちなみに、九世紀を通した国郡行政の一体化は、受領を軸に考えるべきだと思っています。

有富　国造以来、在地首長が郡司になり、地元の豪族で権力を保持しているというふうになっていたのが、受領というトップのもとで、任用国司も集まり、在庁官人も集まり、元郡司も集まり、というふうになっていくというのは、だいぶ大きな変化だと思うのですが、なぜこんな変化が起きたのでしょうね。

富豪層・院宮王臣家はなぜ成長したのか

有富　ちょっと戻るのですが、磐下さんのお話では、富豪層、院宮王臣家《いんぐうおうしんけ》が九世紀頃からどんどん成長していくというお話だったわけですが、なぜだったのでしょう？

磐下　はい。九世紀になると院宮王臣家や富豪層の活動が史料上、よく出てくる。それはなぜなのか。たとえば、院宮王臣家というのは奈良時代にもいたわけです。でも八世紀の段階ではあまり史料に出てくることがなかったのが、九世紀に入ると彼らの存在感が増したので、その活動が史料上に残されるようになった。基本的にはそういうことだと思います。

だから院宮王臣家の登場についていえば、いなかったものが新たに生まれて成長したというのではなくて、従来から存在していたのだけれども、彼らが史料上に取り上げられるような状況に社会が変わったということだと思います。その理由は、いろいろ説明の仕方はあると思いますが、これは本文の中でも書きましたけど、たとえば律令制的な財政システムが破綻する中で、俸禄《ほうろく》だとか、中央官庁の運営経費だとかを自分たちで確保する必要が出てくる。そうすると、自分たちも地方に出ていかなければいけない。その中で、国司や郡司と対立するようになって社会問題化し、史料上でとらえられるようになるのだと私は思っています。

富豪層の問題も同様で、これは先ほどの手嶋さんのお話にもあったように、国司の権限が拡大し、国司による地方支配が実質化していく中で、郡司の国司の部下としての位置づけが明確になっていく。郡司への負担が大きくなるので、みんな郡司になりたがらなくなる状況になって、それまでは郡司を中心にコントロールされていた郡司層に属するような地方の有力者たちが、個々に活動し、史料上でとらえられるようになったのだと説明できるのではないかと思っています。

だからこれについても、それまでいなかったものが現れてきたというよりは、それまでは郡司という大きな傘のもとにいた人たちの存在が、その傘が縮小したり、なくなったりすることで露《あら》わになってきて、史料上に現れるようになってきた。それを私は郡司層の解体と表現しています。

有富　郡司をやりたい人がいなくなる、それは負担が多いから、と磐下さんもおっしゃいましたが、やっぱり受領に使われると負担が多くなるんですか？

磐下　八世紀の段階では、国司なら国司、郡司なら郡司という組織として、負担を負うべきものだったと思うんですよ。

九世紀に何が変わったかといったら、国司なら国司の守《かみ》、つまり受領が、個人として責任を負いなさいということに変わっていく。郡司も同じで、「専当制《せんとうせい》」というものが導入されてくると、この仕事はあなたに任せるから、発生した損害や過失については、全部あなたが責任を負いなさいというかたちになる。そうなると、気持ちの持ち方という部分もあるかもしれませんが、八世紀段階と比べると負担は大きくなったのだと思います。

八世紀はみんな郡司になりたがっていたのに、九世紀の後半になると、やりたがらなくなるということは、史料上、明らかなことです。やはり、負担の質が八世紀と九世紀とでは変わっていて、九世紀段階ではそれに耐えきれなくなってきた。それにともなって、郡司というポストそのものも、かつてほどの魅力が見いだされなくなったのだと思います。

受領はなぜそこそこ安定した地方支配ができたのか

有富　一〇世紀以降も含めて話を進めていきましょう。これまでの歴史観では、受領は現地の人たちと対立していたというイメージがあった一方、最近では、受領たちは割と信頼されていて、大きく破綻することなく地方支配をできていたという認識に変わってきていると手嶋さんがお書きになっていますが、そうした状況はどこから生まれてきたのかというのを教えていただけますか？

手嶋　やはり現地の有力者を国務運営体制の中に組み込んだことが大きかったと思います。従来から言われているように、国務に登用された有力者たちは、現地の利害を代表するような人たちで、彼らの意見も聞きながら、「土風《どふう》」などといわれるその国の慣習を無視せず、それに則りながら支配する体制が取れていたので、ある程度の反発はありつつも、地方支配が成り立っていたのだと思います。

平安時代に限らず、いつの時代も現地のあり方や意向も組み入れつつ地方支配を行なうことが大事だったと思いますが、受領はきちんとそれを実現していたので、摂関期の地方支配は大きな破綻なく成り立っていたのだと思っています。

磐下　九世紀の国司では良吏論《りょうりろん》がよく議論になりますよね。良吏というのは、必ずしも律《りつ》令格式《りょうきゃくしき》の原則にこだわるのではなく、臨機応変に統治ができる国司ということです。そういう国司が評価されるようになっていく。

結構、それが重要なんだろうと私は思っています。それまでは、徴税であれ何であれ、決められた一定のルールに基づかなければならなかった。その結果、何らかの軋轢《あつれき》や無理が生じて、トラブルが起こることもあったと思うんです。そんなときに、律令格式ではなく、より高い次元に位置づく儒教的な徳目でもって統治に臨むのであれば、原則にこだわる必要はないというふうになる。そういう名目さえ立てば、統一的に定められている制度によらなくても、徴税などの地方行政ができるようになっていく。こういった裁量権が国司に与えられたのは結構大きいと思います。

それを前提にして、それぞれの地域の元郡司も含めた地域の有力者たちとの関係、統治のあり方を、割と柔軟に設定することができるようになった。それがやっぱり、受領たちが地方支配を実現できるようになった一つの要因ではないかなと私は思います。

有富　この座談会の前半でもこだわっていたのですが、律令制の根幹って、戸籍や班田、税制だと思うんですね。それら一〇世紀になると崩壊する。でも手嶋さんは、地方支配は成り立っていると言う。地方支配は安定しているといえるのでしょうか。

手嶋　安定というのをどうとらえるかだと思うのですが。

磐下　逆にいうと、それらを行なっていても、必ずしも安定していたとはいえない面があったんですよね、八世紀の段階から。

もちろん、律令制を実施すればうまくいくと考えられていたと思うんですよね。だからなんとかしようとして、墾田永年私財法を出したりしながら、なんとかやっていこうという努力を、少なくとも八世紀の間は続けていたと思うんです。ところが、そういうのも、もういいかって思うようになるのが、九世紀に入ってからではないでしょうかね。だから班田収授をしなくても、九世紀の地方支配が安定することは十分ありえるだろうと。

手嶋　極端にいうと、律令制というのは上から押しつけたものなので、磐下さんが論じたように、制度と実態に齟齬《そご》がある。なので、いろいろと矛盾が起こるのですが、一〇世紀以降の地方支配体制は、朝廷が上からこうしろと押しつけたものではなく、九世紀の段階から、受領が、地方の実情に合わせて試行錯誤しながら整備していったもので、一〇世紀中頃ぐらいの段階で、それを朝廷が追認するようになったと考えています。

地方の実態に即して受領が整備したものが、そのまま国家体制になっていく、これが摂関期の地方支配なのかなと思うので、その点で、摂関期の方が、地方に則した地方支配体制なのかなとは思っています。そうした意味では、制度上の矛盾はあんまり出ないような地方支配体制なのかなと思います。

摂関期における政治システムの変化

有富　ではここでもう一度、中央に戻って、中央の政治システムはどう変化したのかを考えていきましょう。一〇世紀以降の政治システムの変化や特徴があれば、黒須さんから教えていただけますか？

黒須　今の話の流れにも通じるのですが、同じ種類の政務でも、方式や場所が変わります。方式の大きな変化として、口頭から文書《もんじょ》へという変化が指摘されています。それまではずっと、面倒だけど、みんなが同じ内容を聞いて共有する、口頭行政を行なっていたのですが、黙読するので共有はできないけれど効率的な、文書行政の方式にだんだん変わっていく。少なくとも八世紀末ぐらいからは、そういう変化が始まって、進んでいきます。

　平安時代の太政官の基本的な政務である外記政《げきせい》は、弘仁一三年（八二二）に成立しますが、そこでは庁申文《ちょうのもうしぶみ》という口頭行政、つまり古いやり方と、南所申文《なんしょもうしぶみ》という文書行政、つまり新しいやり方とを、絶対にセットで行なわなければならないことになっていて、それは揺るぎません。そして、外記政の成立から百年以上経った一〇世紀半ばになって、やっと文書行政のみを独立させた陣申文《じんのもうしぶみ》というものが出来上がる。私は、文書行政、つまり口頭から文書への変化だとか、政務に対する意識の変化というのは、そこで一応、完成すると考えています。

　法令などによる上からの変化は、すぐに実現するかもしれませんが、「こうでなければならない」と思われているような、根本的なもの、人々の意識や価値観に関わるような形式ややり方の変化というのは、今の時間感覚よりもかなり遅いスピードで進んでいた。一世紀単位で時間をかけて、やっと変化していく。今の目から見れば、文書を回覧した方が絶対に速いし、人が少なくて済むし、いいじゃん、となると思いますが、そう簡単には変わらない。太政官政務からもそれがいえるのではないかと思います。

有富　黒須さんが書かれているので、お聞きしたいんですけど、そもそも太政官制というのは、この時期、意味があったんですかね？

　吉川真司《よしかわしんじ》さんによれば、実質的な政治は、摂関や蔵人などが裏で行なっているのであって、外記政や申文は形式的なものに過ぎない。一方で、土田直鎮《つちだなおしげ》以来の考え方である、太政官政治が続いているという考え方を支持する研究者もいる。黒須さんはどちらがよいと思いますか。

黒須　たしかに吉川さんの言う通り、太政官の政務数が減っているなどの事実はあるのですが、個人的には、だからといって何かが太政官にとって代わっているわけでもないと考えています。

後期律令国家論と初期権門体制論とでは、描かれる摂関期像がまったく異なりますが、たとえば、受領の成績判定会議である受領功過定《ずりょうこうかさだめ》の意義や役割をどう見るかというような、事実関係の食い違いというよりはその評価の差、という要素が大きいと感じています。だからこそ、簡単にどちらがよいといえない、難しい議論なのだと思います。

文化と国政の相剋

有富　こういう感じで、地方も中央もいろいろ変わっているわけなんですが、これと文化の変容との関係について、小塩さんどうでしょうか。

小塩　ここまで出てきた話に直接結びつけるとなると難しいのですが、その背景にある、構造的な変化の方が関係してくるように思います。

たとえば、和の文化が浮上してくることには、宇多朝頃からの、社会の中で私的領域が拡大していくことと関連がある、というのは、最近、言われているところです。ただし、この段階でのかな文化は、現在一般に思われているほどには高い地位を得ていません。それでも和歌は、勅撰和歌集や歌合《うたあわせ》などで、それなりにハレの場がありますが、物語は、まだサブカルチャー的な存在です。それがやがて『源氏物語』なども研究対象、教養となっていくところに、もう一段階、飛躍があると思います。

一〇世紀、一一世紀のあり方が、その後、肯定的にとらえられていく理由の一つには、道長たちがつくり上げた摂関政治や社会がその後も継承されていく、ということもあるのではないかと思います。道長もですが、その子どもたち、彰子・頼通《よりみち》・教通《のりみち》・頼宗《よりむね》が、かなりの長生きですよね。政権の上層部がずっと変わらない体制が、道長から数えて一世紀近く続きます。その中で、この時代そのものを肯定していく流れが自然と出来上がっていくのではないかと。

今のは、主に「和」の話ですが、中国文化との向き合い方では、二つの方向性に分けて考える必要があるかと思います。一つは、新しい中国文化をかつてほどには取り入れようとしなくなる動き、もう一つは、古い中国文化を守っていこうという動きです。

国政の変化と絡《から》めるのであれば、前者は、一〇世紀以降の平安貴族の対外意識も関わるはずです。近年の研究ですと、この時期、東アジアの諸外国はいろいろと大変なことになっているので、日本はモノや情報を得ながらも、国家同士の外交を結ぶことには慎重になったといわれています。そういった中で出てきた現象かなと思います。

一方の、古い中国文化へのこだわりというところですと、すでにいくつも研究がありますが、日本の学問のあり方が関わってきそうです。この時期、特定の仕事を特定の氏族が請け負っていく流れになっていきますが、学問の家でも、自家に伝わる古い写本を権威化・秘伝化していき、それが続いていくわけです。摂関期には新しい宋の印刷本も入ってきますが、それによって、すぐに日本の学術状況が大きく変えられてしまうことはなかったようです。

ほかにも、日本では王朝の交代はないので、前の時代のものを積極的に否定する必要がなく、ある意味ダラダラと引きずっているところはあるのかなと感じてはいます。

有富　新しい文化を取り入れなくても、安定していたから、昔の文化をそのまま続ければいいや、みたいな感じですか？　八・九世紀はまだゴチャゴチャしていたから、新しい文化を取り入れたり、政治文化を取り入れたりして、新しく何かしていかなきゃという意識があったんだけれども、それがもう一〇世紀になったら、「もういいか！」みたいな感じになっちゃった。

小塩　ある程度、自分たちの中で出来上がったと思い込んでしまったこともあって、本当は外に目を向ければ、状況は変わっていっているんだけれども、それほど新しいものをどんどん欲に取り入れる必要性を感じなくなってきたのかな、と。八・九世紀段階では、いろいろ取り入れていかなければならないところがあったと思うのですが、一〇世紀ぐらいになると、そこまで熱心にならなくてもよくなってきたのではないかと思います。

律令制は形骸化したのか

有富　今までの話をまとめてみましょう。地方では、いわゆる摂関期においても、実質的な権力を失った郡司が消えていなくて、さほど意味がないけれど任命され続けている。中央では、律令制下では政治利用されていた朝堂院や大極殿《だいごくでん》も、一〇世紀以降になるとほとんど使わないけれど、一応残っていますよね。燃えたりもするけれど、また造って、そこを儀式でたまに使う。このような地方と中央のあり方は、とても似ているのではないのでしょうか？

小塩　共通するところはあるんですよね。それが律令的といえるかどうかは別として。

手嶋　貴族たちの中で共通の、正しいあり方というのがあって、それが文化の面では「漢」

という要素として出てくる。だけど、そういう共通認識って、じつは文化の面だけではなくて、摂関期の貴族社会のいろいろな部分にも広げて理解できるのかなと思っています。地方支配の部分でも。

黒須　政務や儀式はだんだん形骸化してきて、だけど廃止はされずに、朝堂院で行なわれる政務など、年に一回か二回だけ式日を決めて、かたちだけは残すようなことが行なわれる。そのかたちだけ残っているという状態をどう評価するかは、人それぞれという感じがします。

有富　つまり一〇世紀以降の国家・社会は、それ以前のシステムや規範などを受け継ぎつつも、新しいものもそこから生み出していて、それらを両立させている、二面性のある時期だったのでしょうね。

日本の古代とは何だったのか

有富　最後に、今までの議論についての感想を交えつつ、「日本の古代とは何だったのか」ということについて、聞いていきたいと思います。

磐下　非常に難しいですが、古代というのは、あるべき理想や理念というのがあって、それにこだわり続ける時代なんだと思うんですよね。その理想・理念が何なのかというのは、人によって違っていて、それを律令制と表現する人もいるでしょう。吉田孝さんなんかは、このあるべき理想・理念を「古典古代」と表現されているのだと思います。

そうしたものが現実と乖離していっても、常に念頭に置かれている間は、きっと古代なんだろうなと私は思っています。今日の話でいえば、天皇制はもちろんそうですが、太政官組織や、国家的な意思決定をする際に、その太政官を関わらせる際の形式がそうです。地方社会でいえば、一〇世紀以降も任用国司は存在し続けるし、郡司も一〇世紀前半ぐらいまではずっと任用され続けます。

また、ずっと唐の文化にこだわり続けるということも含めて、形骸化していたり、過去のものになっていたり、実質が失われていたとしても、引きずっていくような制度や枠組みがあって、それを意識し続けている間は古代なのかなというふうに思っています。今日の皆さんの議論を聞いていても、ああ、やっぱりそういうものかなと、改めて思いました。

問題は、そのあるべき理想・理念というのが、いつまで更新され続けていったのかというところで、それがなかなか難しい。やっぱり九世紀ぐらいまでなのかな。一〇世紀に入ると、そうしたものが更新されずに、引きずっていくだけ、こだわっていくだけのものになっていくという印象を持っています。

十川　皆さんのお話と重なりますが、たとえ実態として、たとえば法とか行政の実態としてはなくなったとしても、文化的な規範とか、ある種の社会理念として、中世以降も定着していく側面というのは大きいのかなと。

たとえば官人身分に関しても、位《くらい》とか官職というのは、たとえば武家の官なんか、全然実態とは関係なくても、一応、名目として生き残っていきます。ノブレス・オブリージュとまでいっていいか分かりませんが、ある種の文化的な規範みたいな存在にもなっていくといえるのではないでしょうか。

それに、やっぱり何か正統性を求めようとした場合、体系的に拠《よ》れるものは律令制的なものしかないのだとは思うんですよね。

たとえば、かなりあとの時代の話になりますが、江戸時代の裁判でも、『法曹至要抄《ほっそうしようしょう》』(中世初期の法律書で、律令格式が引用されている)がじつは結構使われていたらしいんですね。しかも明治初年になって、まだ仮刑律《かりけいりつ》しか編纂されていない段階で、プロシア人との裁判のときに、判決を出す根拠として『法曹至要抄』を使った事例があります。新政府が出来て法が未整備な状態で、じゃあ、何に拠ろうかっていうときに、律令に由来するものに拠るのが手っ取り早かったのだろうと思います。それだけたくさんのものを残したのが、古代という時代なのだと私は思います。

黒須　古代は常に、制度や理想と現実とのせめぎ合いみたいなものが問題になっているという印象があります。大きくとらえれば、ずっと国家のかたちの模索期だったのかもしれません。

摂関期でいえば、子どもが天皇になってしまうけれど、天皇が政治のトップにある構造は変えない。そのために、摂政という役職を置く。たびたび制度や理想と現実にずれが生じるけれど、どちらかを諦めるのではなく、なんとかしてバランスを取りながら両立させるのは、古代を通じて見られる動きだと思います。平安時代になると、地方支配などに関して現実に即した施策がとられるようになるとはいえ、やはり百パーセント現実主義ではない。このあたりの感覚が、現代人の感覚と根本的に異なっていて、それが古代史の難しさであり面白さなのではないかと感じます。

手嶋　日本古代に取り入れられた律令制の体系や官僚制などは、姿かたちを変えながらも、形骸化しながらも、日本社会に残され続けていて、特に前近代までの日本の一つの枠組みにもなっていたんだろうなという気がします。古代という時代は、日本の社会・文化の土台がつくられた時代なので、やっぱりもっと注目されてもいい時代だなと、今日皆さんと話して改めて感じました。

制度と実態の乖離とか、貴族など古代の人々の動きについて、いろいろと話を聞いていると、改めて、現代にも通ずるような人間の動きを、古代の人たちもしていたんだなという気はしました。だから日本の古代は何だったのかといえば、やっぱり日本社会のスタートになったところなのかなと思います。

小塩　皆さんがおっしゃる通りで、中国などを模倣して日本なりにつくりあげた制度が、実質がどこまであるか分からないけれども、近世まで続いていくというところ、そこはやはり一つ重要なのだと思います。

公卿の世界も、九世紀までは結構いろんな氏族がいるのですが、これよりあとになると、個々では新興する家、没落する家もありますが、広い意味でいうと、近世までは、摂関期から院政期に出来上がった枠組みや家格が、ある程度続いていくというところはあると思います。そう考えたときに、特に摂関期のあり方は、古代に引きつけられるところももちろんあるとは思いますが、その後と連続する要素も多いように感じられますね。

加えて文化も、今でも『源氏物語』などは漫画や映画、テレビ、舞台にもなるわけで、メディアを変えながら生き続けているわけですし。とはいえ『源氏物語』は、『更級日記《さらしなにっき》』などが残っているので、早くから広く愛好されていたと思われがちなのですが、頼通の時代の文学作品を広く見渡せば、この時代には、まだ文化の一隅を占めるに過ぎなかったのではないか、という見解もあるようです。

　興味深い話だなと思うのですが、いつの時代の文化であれ、確実にあとに残っていくという保証はない。そういう意味でも、なぜ古代のあり方が残っていくのか、摂関期のあり方が残っていくのかを考える上で、もう一段階あとの時代の状況を考えることが必要なのかなという気がしています。

有富　強引にまとめましょう。律令制が導入されたとき、それまでの古い在地首長制や畿内豪族のあり方も残っていて、二元的だった。そして一〇世紀以降になって、また新しい規範や文化が生まれてくるのだけど、それまでの律令制に基づいた古い規範や唐風文化はある程度は残っているので、やはり二元的な状態だったといえるかもしれません。ある意味、常に新旧が混在している時代が、古代なのかもしれないですね。

　ともあれ、皆さんもおっしゃる通り、律令やその規範が、その後の日本列島に大きな影響を与えていることは間違いなさそうです。でも律令を重視しすぎることを避けるべきだと主張する研究者もいらっしゃるので、怒られないかな（笑）。

ただ、時期区分というのは非常に難しくて、律令やその規範がいつまで機能していたのかということを考えると、磐下さんみたいに九世紀くらいまでということもできるし、極端なことをいえば、十川さんが示してくれた『法曹至要抄』を使っていた江戸時代まで古代だといえなくもない。さすがに私もそうは思っていませんが。ともあれ古代と中世の境目がいつなのか、また機会があれば改めて考えてみたいと思います。

本日は長時間、ありがとうございました。

編者・著者プロフィール

有富純也（ありとみじゅんや）
1974年、福岡県生まれ。成蹊大学文学部教授。東京大学大学院人文社会系研究科博士課程修了。博士（文学）。著書に『日本古代国家と支配理念』（東京大学出版会、2009年）、共編著に『摂関・院政期研究を読みなおす』（思文閣出版、2023年）、主な論文に「日本古代のオホヤケと地域社会」（『歴史学研究』1028号、2022年）など。

磐下徹（いわしたとおる）
1980年、京都府生まれ。大阪公立大学大学院文学研究科准教授。東京大学大学院人文社会系研究科博士課程単位取得退学。博士（文学）。著書に『日本古代の郡司と天皇』（吉川弘文館、2016年）、『藤原道長事典——御堂関白記からみる貴族社会』（共著、思文閣出版、2017年）、『郡司と天皇——地方豪族と古代国家』（吉川弘文館、2022年）など。

十川陽一（そがわよういち）
1980年、千葉県生まれ。慶應義塾大学文学部准教授。慶應義塾大学大学院文学研究科後期博士課程単位取得退学。博士（史学）。著書に『日本古代の国家と造営事業』（吉川弘文館、2013年）、『天皇側近たちの奈良時代』（吉川弘文館、2017年）、『人事の古代史——律令官人制からみた古代日本』（ちくま新書、2020年）、共編著に『概説日本法制史』（弘文堂、2018年）。

黒須友里江（くろすゆりえ）
1987年生まれ、東京都出身。東京大学史料編纂所准教授。東京大学大学院人文社会系研究科博士課程単位取得退学。主な論文に「弁官局からみた太政官政務の変質—摂関期を中心に—」（『史学雑誌』第124編第11号、2015年）、「摂政・関白と太政官政務—解の決裁について—」（大津透編『摂関期の国家と社会』山川出版社、2016年）、「古代日本朝廷儀礼の空間構成—参入形式の検討から—」（『史学論叢』佐藤信先生退職記念特集号、2018年）など。

手嶋大侑（てしまだいすけ）
1992年、三重県生まれ。同朋大学文学部専任講師。名古屋市立大学大学院人間文化研究科博士後期課程修了。博士（人間文化）。主な論文に「平安中期の年官と庄園」（『日本歴史』830号、2017年）、「平安中期における受領と年官」（『歴史学研究』983号、2019年）、「花山院と藤原実資」（『民衆史研究』104号、2023年）など。

小塩慶（おしおけい）
1993年生まれ、京都府出身。東京大学史料編纂所助教。京都大学大学院文学研究科博士後期課程研究指導認定退学。博士（文学）。論文に「九世紀前半における医療の転換—『続日本後紀』嘉祥三年三月癸卯条再考—」（『日本歴史』861号、2020年）、「国風文化期における中国文化受容—異国描写を手掛かりとして—」（『史林』第100巻第6号、2017年）など。

有富純也（ありとみじゅんや）
1974年、福岡県生まれ。成蹊大学文学部教授。

磐下徹（いわしたとおる）
1980年、京都府生まれ。大阪公立大学大学院文学研究科准教授。

十川陽一（そがわよういち）
1980年、千葉県生まれ。慶應義塾大学文学部准教授。

黒須友里江（くろすゆりえ）
1987年生まれ、東京都出身。東京大学史料編纂所准教授。

手嶋大侑（てしまだいすけ）
1992年、三重県生まれ。同朋大学文学部専任講師。

小塩慶（おしおけい）
1993年生まれ、京都府出身。東京大学史料編纂所助教。

日本の古代とは何か

最新研究でわかった奈良時代と平安時代の実像

2024年7月30日初版1刷発行

著　者 ── 有富純也 編　磐下徹　十川陽一
黒須友里江　手嶋大侑　小塩慶

発行者 ── 三宅貴久

装　幀 ── アラン・チャン

印刷所 ── 萩原印刷

製本所 ── ナショナル製本

発行所 ── 株式会社光文社
東京都文京区音羽1-16-6(〒112-8011)
https://www.kobunsha.com/

電　話 ── 編集部03(5395)8289　書籍販売部03(5395)8116
制作部03(5395)8125

メール ── sinsyo@kobunsha.com

Printed in Japan　ISBN 978-4-334-10377-4

1298

漫画の未来

明日は我が身のデジタル・ディスラプション《破壊的変革》

小川悠介

スマホ向け漫画「ウェブトゥーン」の台頭に、絵を自動で描く「生成ＡＩ」の進化。デジタル時代に、漫画はどこへ向かうのか？　取材を重ねた記者が、経営・ビジネスの観点からその未来図を探る。

978-4-334-10225-8

1299

死なないノウハウ

独り身の「金欠」から「散骨」まで

雨宮処凛

失職、介護、病気など、「これから先」を考えると押し寄せる不安……。各界の専門家に取材し、役立つ社会保障制度などを紹介する、不安な人生をサバイブするための必須情報集！

978-4-334-10226-5

1300

〈共働き・共育て〉世代の本音

新しいキャリア観が社会を変える

本道敦子　山谷真名　和田みゆき

当事者インタビューで明らかになった、〈共働き・共育て〉を志向するミレニアル世代の本音、そして子育て中の男性の苦悩。当事者、そして企業が取るべき対策とは？　【解説・佐藤博樹】

978-4-334-10249-4

1301

子ども若者抑圧社会・日本

社会を変える民主主義とは何か

室橋祐貴

変化の激しい時代に旧来の価値観で政治が行われ、閉塞感が漂う日本。先進諸国で若い政治リーダーが台頭している中、なぜ日本だけ変われないのか？　若者が参加できる民主主義を示す。

978-4-334-10250-0

1302

子どものこころは大人と育つ

アタッチメント理論とメンタライジング

篠原郁子

ボウルビィが提唱したアタッチメント（愛着）は、子どもにとって重要なすべての大人との間に形成されうる。心で心を思うこと《メンタライジング》をベースに、アタッチメント理論をわかりやすく解説する。

978-4-334-10251-7

1303
頭上運搬を追って
失われゆく身体技法
三砂ちづる
今の日本では失われつつある身体技法「頭上運搬」。沖縄や伊豆諸島ほか日本各地や海外にその記憶と痕跡を訪ねる。生活や労働を支えた身体技法と、自らの身体への理解や意識を考察。
978-4-334-10252-4

1304
定点写真で見る　東京今昔
鷹野晃
江戸・明治・大正・昭和――。東京はいかに変貌したのか。東京を撮り続けて40年の写真家が、「定点写真」という手法を用いて破壊と創造の首都を徹底比較。写真451点収録！
978-4-334-10253-1

1305
バッタを倒すぜ　アフリカで
前野ウルド浩太郎
世界中を飛び回り、13年にわたって重ねてきたフィールドワークと実験は、バッタの大発生を防ぐ可能性を持っていた！　新書大賞受賞、25万部突破の『バッタを倒しにアフリカへ』続編。
978-4-334-10290-6

1306
中日ドラゴンズが
優勝できなくても愛される理由
喜瀬雅則
2年連続最下位でも視聴率と観客動員は好調。なぜ順位と人気は相関しないのか？　優勝の可能性は？　立浪監督はじめ多くのOBや関係者への取材を基にしたドラゴンズ論の決定版。
978-4-334-10291-3

1307
ダーウィンの進化論はどこまで正しいのか？
進化の仕組みを基礎から学ぶ
河田雅圭
『種の起源』刊行から一五〇年以上がたった今、人類は進化の仕組みをどれほど明らかにしてきたのか。世に流布する進化の誤解も解きほぐしながら、進化学の最前線を丁寧に解説する。
978-4-334-10292-0

1308
中高生のための「探究学習」入門
テーマ探しから評価まで
中田亨

仮説を持て、さらば与えられん！　アイデアの生み出し方、調査や実験の進め方、結果のまとめと成果発信、安全や倫理等を具体的にガイド。研究者の卵や大人にも探究の面白さを伝える。

978-4-334-10293-7

1309
世界の富裕層は旅に何を求めているか
「体験」が拓くラグジュアリー観光
山口由美

旅に大金を投じる世界の富裕層が求めるものは？　彼らの旅のスタンダードとは？　近年のラグジュアリー観光を概観し、安心や快適さではない、彼らが求める「本物の体験」を描き出す。

978-4-334-10294-4

1310
生き延びるために芸術は必要か
森村泰昌

歴史的な名画に扮したセルフポートレイト作品で知られ、「私」の意味を追求してきた美術家モリムラが、「芸術」を手がかりに「生き延びること」について綴ったM式・人生論ノート。

978-4-334-10295-1

1311
組織不正はいつも正しい
ソーシャル・アバランチを防ぐには
中原翔

燃費不正、不正会計、品質不正、軍事転用不正……。組織不正はなぜあとを絶たないのか――。気鋭の経営学者が、組織をめぐる「正しさ」に着目し、最新の研究成果を踏まえて考察する意欲作。

978-4-334-10322-4

1312
経営の力と伴走支援
「対話と傾聴」が組織を変える
角野然生

経営者との「対話と傾聴」を通じ、自立的な企業変革への道筋をつける「伴走支援」の枠組みを、第一人者の実践を基に示す。南山大学教授・中村和彦による、組織開発の視点での解説を収録。

978-4-334-10324-8

1313
英語ヒエラルキー
グローバル人材教育を受けた学生はなぜ不安なのか
佐々木テレサ
福島青史
英語で授業をするEMIプログラム。学部卒業生に日本語や承認の不安を覚える人が出ている。聞き取りを基に内実と問題点を提示。指導教員が多言語話者成長の苦悩と対策を解説。
978-4-334-10325-5

1314
ナショナリズムと政治意識
「右」「左」の思い込みを解く
中井遼
政治的な左右と結びつけられがちなナショナリズムの概念を政治学の知見と国際比較からとらえなおし、日本人の政治意識が世界においてどれだけ普遍的もしくは特殊なものであるか検討する。
978-4-334-10323-1

1315
電車で怒られた！
「社会の縮図」としての鉄道マナー史
田中大介
「バッグが当たってんだよ！」。時に些細なことで殺伐とする電車内。なぜ人は電車でイラついてしまうのか？「車内の空気」の変遷を丹念にたどり、その先にある社会までを見通す一冊。
978-4-334-10351-4

1316
なぜBBCだけが伝えられるのか
民意、戦争、王室からジャニーズまで
小林恭子
大戦による「危機」、政権からの「圧力」、そして王室との「確執」まで――。報道と放送の自由のために、メディアは何と向き合ってきたのか？ 在英ジャーナリストと辿る「BBCの一〇〇年」。
978-4-334-10352-1

1317
「ふつうの暮らし」を美学する
家から考える「日常美学」入門
青田麻未
家の中の日常に「美」はあるか？ 椅子、掃除、料理、地元、ルーティーンを例に、若手美学者が冴えわたる感性で切り込む。「美学」の中でも新しい学問領域、「日常美学」初の入門書。
978-4-334-10353-8

1318

フランス　26の街の物語

池上英洋

フランスの魅力は豊かな個性をもつそれぞれの街にある――。美術史家が、人、芸術、歴史、世界遺産の観点から厳選した26の街を訪ね歩き、この国がもつ重層性と多面性を、新視点で綴る。

978-4-334-10354-5

1319

等身大の定年後
お金・働き方・生きがい

奥田祥子

再雇用、転職、フリーランス、NPO法人などでの社会貢献活動、そして管理職経験者のロールモデルに乏しい女性の定年後に焦点をあて、あるがままの〈等身大〉の定年後を浮き彫りにする。

978-4-334-10375-0

1320

日本の政策はなぜ機能しないのか？
EBPM《エビデンスに基づく政策》の導入と課題

杉谷和哉

データやファクトに基づき政策を作り、適切に評価する。当たり前のことのようで、これが難しい。その背景を公共政策学の知見から分析し、「政策の合理化」を機能させる条件を考える。

978-4-334-10376-7

1321

日本の古代とは何か
最新研究でわかった奈良時代と平安時代の実像

有富純也 編　磐下徹
十川陽一
黒須友里江
手嶋大侑　小塩慶

国家や地方は誰がどう支配していたのか？ 藤原氏は権力者だったのか？「唐風文化から国風文化へ」は本当？ 受領は本当に悪吏だったのか？…気鋭の研究者らが新たな国家像に迫る。

978-4-334-10377-4

1322

名画の力

宮下規久朗

名画の力とは、現場で作品に向き合ったときこそ発揮されるものなのだ――。伝統の力から現代美術、美術館まで。七つのテーマで美術の魅力をより深く味わう極上の美術史エッセイ。

978-4-334-10378-1